基金支持：国家社科基金艺术学项目"中华文明标识的数字视觉呈现与全球传播力研究"（项目编号：24BH185）

品牌文化研究与设计

萧 冰 王 茜 著

上海交通大学出版社
SHANGHAI JIAO TONG UNIVERSITY PRESS

内容提要

本书旨在加强学生对品牌与文化之间互动关系的认识,使学生具备品牌传播与营销能力,既注重培养学生的品牌与文化洞察力,又倡导对学生设计思维的开发、创意表达能力的训练。同时本书非常注重对学生的价值引领:一方面让学生充分认识到商业社会品牌营销的本质,提升学生对于国内外品牌建构行为中所折射出的文化、政治观念的剖析能力,使学生具备认识、解读品牌文化,驾驭品牌建构的能力,领略隐含于品牌营销之中的多元文化背景下的各种现象;另一方面通过对优秀城市品牌文化的品读,帮助学生厚植家国情怀。本书适合各高校设计艺术学、传播学、营销学等专业的师生使用与借鉴。

图书在版编目(CIP)数据

品牌文化研究与设计/萧冰,王茜著. —上海:
上海交通大学出版社,2025.3. —ISBN 978 - 7 - 313 - 32165
- 7

Ⅰ. F273.2

中国国家版本馆 CIP 数据核字第 2025HN7542 号

品牌文化研究与设计
PINPAI WENHUA YANJIU YU SHEJI

著　　者:萧 冰 王 茜

出版发行:上海交通大学出版社　　　　　　　地　　址:上海市番禺路 951 号

邮政编码:200030　　　　　　　　　　　　电　　话:021 - 64071208

印　　制:浙江天地海印刷有限公司　　　　　经　　销:全国新华书店

开　　本:710mm×1000mm　1/16　　　　　印　　张:11.5

字　　数:180 千字

版　　次:2025 年 3 月第 1 版　　　　　　　印　　次:2025 年 3 月第 1 次印刷

书　　号:ISBN 978 - 7 - 313 - 32165 - 7

定　　价:68.00 元

目　　录

第一章　品牌文化研究概述

一、什么是品牌文化

1. 什么是品牌

对于品牌的定义众说纷纭，有着诸多不同的说法，以下列举关于品牌的 4 种定义：符号说、关系说、资产说、综合说。

1) 符号说

品牌（brand）的英文名称来源于古挪威文"Brander"，指的是烙印于家畜身体上的标志，用以标记和证明这是属于某人或某家族的私人财产。

美国营销协会对品牌的定义是"一个名称、术语、标志、符号或设计，或是它们的结合体，用以识别某个销售商或某一群销售商的产品或服务，使其与它们的竞争者的产品或服务区别开来"。长久以来，品牌一直是区分不同生产者产品的工具，帮助消费者简化购买决策，并降低选择时的风险。

菲利普·科特勒（Philip Kotler）也认为品牌是"用以识别一个或一群产品或劳务的名称、术语、象征、记号或设计及其组合，以和其他竞争的产品或服务相区别"。他在《营销管理》一书中通过马歇尔·菲尔德（Marshall Field's）商店更名为梅西百货（Macy's）的案例，说明了品牌对营销的重要影响。Marshall Field's 是联邦百货公司所属的地方百货公司，于 1852 年开业，是芝加哥最有名的旅游景点之一，每年可吸引约 900 万游客。更名事件引起了该品牌忠实顾客的强烈不满，因为更名使得商店原本与芝加哥的密切关联逐渐淡化，转而具有纽约色彩（梅西百货旗舰店位于纽约市海诺德广场），之后一封呼吁保留 Marshall Field's 名字的请愿书收集到 6 万人的签名支持。巨大的压力迫使联邦百货公司承诺为该商店保留一定量的芝加哥地方传统。

商店名称的变化对消费者有影响吗？未必，但是名称的改变使其忠实消费者觉得与该商店的联系被切断了，而这种联系让消费者具有安全感与认同感。联邦百货公司在意识到这一点之后，立刻着手保护原始品牌中的一些重要元素，如在旗舰店的铜牌上保留 Marshall Field's 名称，并保留商店中的圣诞树等（芝加哥圣诞树亮灯仪式已有 100 多年的历史，是芝加哥重要的文化符号）（见图 1-1）。

图 1-1   梅西百货的圣诞树

2) 综合说

大卫·奥格威(David Ogilvy)认为"品牌是一种错综复杂的象征，它是品牌的属性、名称、包装、价格、历史、声誉、广告风格的无形组合。同时也因消费者对其使用的印象及自身的经验而有所界定"。品牌不仅包括有形的东西，还包括无形信息，比如市场声誉、品牌的历史、社会文化价值等，它们存在于消费者的心智之中。

产品与品牌是什么关系？产品是品牌吗？

凯文·莱恩·凯勒(Kevin Lane Keller)在《战略品牌管理》中指出，品牌就是产品，但它是加上了其他各种特性的产品，这些特性使它以某种方式区别于其他用来满足同样需求的产品。这些差异也许是理性的和可见的——与产生品牌的产品的特点有关，或者更加具有象征性、更情感化、更不可见——与所表现的品牌有关。显然,凯文·莱恩·凯勒认为产品的特点决定了品牌的理性的、可见的差异,而品牌自身的形象塑造出感性化的区别。

斯蒂芬·金(Stephen King)则提出,产品是工厂所生产的东西,品牌是消费者所购买的东西;产品可以被竞争者模仿,但品牌则是独一无二的;产品极易过时落伍,但成功的品牌能持久不衰。在斯蒂芬·金看来,产品与品牌是不同的两种事物,企业制造出产品,而品牌则是依靠消费者的认知与感受而存在的。消费者是品牌的真正拥有者。

产品是客观存在的事物,它是以产品的功能、外观为依托的,切实可看、可触、可感知的事物。而品牌是主观的,它基于消费者在使用、消费产品过程中的体验,或接触到品牌宣传信息后所形成的印象。

如今进入产品同质化严重的时代,不同品牌之间的产品在功能上难以找到鲜明的区别,几乎任何一个细分市场都有多个品牌参与竞争。当你选择购买一款滚筒洗衣机的时候,就会发现市面上相近价格的产品在功能上似乎都差不多:你有洗烘一体功能,我也有;我有大容量变频除菌优势,他也有;他有智能投放功能,你也有。可以说从产品到套系、从技术到卖点、从营销到服务、从场景到体验,企业时刻面临来自同行的"同质化"模仿。不过品牌的差异比产品的差异要大,当提起优质服务时,海尔肯定最先进入消费者的大脑;而说到造型时尚、颜值高时,西门子又是当仁不让。不同的品牌通过其产品、广告营销等在消费者心目中塑造了截然不同的品牌形象。

3) 关系说

联合利华前董事长迈克尔·佩里(Mike Perry)提出:"品牌是消费者对一种产品的感觉,它代表消费者在其生活中对产品与服务的感受,以及由此产生的信任、相关性与意义的总和。"凯文·莱恩·凯勒认为:"商标源于消费者反应的差异,如果没有差异发生,那么具有商标名称的产品在本质上仍然是一般类别意义上的产品,而反应中的差别是消费者对商标理解的结果,虽然企业通过其营销计划和其他行为为商标提供了支持,但最终商标是留存在消费者头脑中的东西,商标是一个可感知的存在,植根于现实之中,但映射着个人的习性。"

麦当劳的一个经典广告清晰地展现了这种关系说的观点:一个婴儿坐在摇椅上一会哭一会笑,保姆对此觉得莫名其妙,但其实是因为婴儿随着摇椅的摆动,其眼中所看到的事物在发生变化。摇椅面前的窗外有一个麦当劳的广告牌,摇椅荡起来时婴儿恰好能看到广告牌,因此就很开心地笑,而当摇椅落下时,广告牌看不到了,婴儿就发出哭声(见图1-2)。

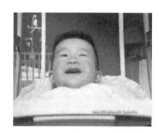

图 1-2   麦当劳广告

以上观点与广告都反映出品牌是消费者对于其商标或产品的差异性的感受,消费者的感受成为评价品牌价值的标准,因此企业必须注重与消费者之间的关系。并且媒介环境的变化赋予消费者更多的发言权,与以前报纸、电视等媒体由行业机构把控不同,互联网时代尤其是自媒体的兴盛,使得企业不得不重视消费者的意见。品牌关系是消费者成长和网络环境成熟后的博弈结果,企业被迫放下身段,倾听消费者的意见,维护与消费者之间的良好关系。

4) 资产说

亚历山大·L.贝尔(Alexander L. Biel)认为,品牌是自身形象的象征,用以积累无形资产,且品牌资产是一种超越生产、商品及所有有形资产以外的价值。美国营销科学研究所提出"品牌客户、渠道成员和母公司等方面采取的一系列联合行动,能使该品牌产品获得比未取得品牌名称时更大的销量和更多的利益,还能使该品牌在竞争中获得一个更强劲、更稳定、更特殊的优势"。

大量的蒙眼味觉测试说明了品牌对消费者的影响力。所谓蒙眼味觉测试,就是让被试在不看到产品名称的情况下,对酒、饮料等产品进行品尝并作出评价。例如赖瑞·佩斯(Larry Percy)曾对啤酒品牌做过品尝实验,他选用了百威、米勒等6种啤酒。当顾客知道品尝的是知名啤酒的时候,他们的感觉是有偏袒性的;而当他们不知道所品尝的啤酒的品牌时,却很难区分出它们的特点。

可见,是否知道品牌名称成为影响顾客判断结果的重要因素,这说明顾客对产品性能的感觉,在很大程度上取决于他们对于该产品的印象,而这种印象来源于他们对品牌的认识、过去使用的经验或品牌的营销活动等。

亚历山大·L.贝尔指出:品牌即一种价值,在一定程度上脱离产品而存在,可以买卖,是一种获利能力。2017年,麦当劳出售中国地区20年的特许经营权,获得了中信股份、中信资本、凯雷亚洲基金共20.8亿美元的战略投资,成立了金拱门(中国)有限公司,麦当劳拥有20%的股权。作为全球零售食品服务业龙头,麦当劳在凯度BrandZ全球最具价值品牌排行榜中连续10年排名前10位。2018年,麦当劳在该榜单排名第8位,是全球排名最前的餐饮服务企业,品牌价值超过1 260亿美元。拥有这样的品牌价值,无怪乎可以将品牌使用权售出如此高价(见图1-3)。

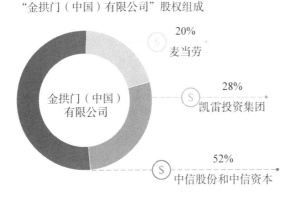

图1-3　"金拱门(中国)有限公司"股权构成

综合以上观点,品牌使一种产品与其他产品区隔开来,它不只是体现在名称、标志、包装、广告、声誉上,更是存在于消费者的心智之中。当提到某个品牌时,消费者心目中就会自然而然地出现对其产品或服务的感受与态度,而正向的感受与态度为品牌带来增值,使消费者对其更为信赖与宽容。品牌的价值既体现在它与消费者之间的关系上,也体现为它是一种可以直接转化为经济价值的资产。

2. 什么是文化

笔者在读大学时曾与同学一起旁听高年级同学的毕业答辩,听了两年之后,大家得出来一个共同的结论:千万不要在答辩时讲"文化"。因为答辩老师总会让学生用一两句话总结什么是文化? 而没有同学能回答这一问题。

那么什么是文化呢? 至今都难以得到一个统一的定义。《大辞海》中对"文化"的解释为:广义指人类在社会实践过程中所获得的物质、精神的生产能力和创造的物质、精神财富的总和,狭义指精神生产能力和精神产品,包括一切社会意识形式,自然科学、技术科学、社会意识形态,有时又专指教育、科学、艺术等方面的知识与设施。这个定义是不确指的,既包括了广义与狭义的区别,又涵盖了一切社会意识形式,有时甚至专指某一方面的知识与设施,让人感到难以把握。

托马斯·索维尔(Thomas Sowell)认为,文化是为了满足紧迫和实际的人类生存需要而存在的——为了种族持续繁衍而形成社会,向年轻人和经验不足者传授那些前人或几百年前的先人好不容易习得的知识和经验,以便让他们不用花同样的成本、冒着同样的危险去经历同样的磨难,犯同样的错误,包括一些致命的错误。这是从文化的基本功能的角度对文化的存在意义进行的解读,文化的传承使后来者减少了试错的成本。

雷蒙德·威廉斯(Raymond Williams)指出,文化乃是英语之中最复杂的两三个词语之一,他为文化下了三种宽泛的定义:①智力、精神和美学发展的一般过程。②一群人、一个时期或一个群体的某种特别的生活方式。③智力,尤其是美学所创造的作品和实践。当我们提及"中国传统文化"时,我们采用的应该是第一种定义,这是一个非常宽泛的范围,包括人类生活的方方面面。当我们明确说"河姆渡文化"时,指的就是距今约7000年前中国长江流域下游以南地区的新石器时代文化,黑陶与干栏式建筑是其文化特色,采用的是第二种定义。而当我们讲到"文化广告"时,就是指关于科学教育、文学艺术、新闻出版、广播电视、体育卫生、电影戏剧、图书馆、博物馆等各种文化、艺术信息的广告,采用的就是第三种定义。

3. 品牌文化

太宽泛的文化概念我们无从定义,那么,仅从品牌文化的角度来看,它又涉及哪些方面呢？

拉里·A.萨默瓦（Larry A. Samovar）在分析了文化的组成部分（历史、宗教、价值观、社会组织）之后，支持了 H. C. 特里安迪斯（H. C. Triandis）对文化的定义，即"文化是一系列人类创造的客观和主观的元素，这些元素过去增加了人们生存的可能性，提高了其成员在生态系统中的适应能力。之后，由于人们生活在同样的时空之中，并拥有同样的语言，这些元素可以在互相交流的人们之中共享"。

从 H. C. 特里安迪斯的观点中我们可以看到文化具有以下特征：

首先，文化是可以共享的，通过对文化的传播与共享，文化可以加强理念的认同，形成凝聚力。例如几乎在世界各地华人聚居的地方都可以找到"中国城"，其建筑、装饰、招牌等往往具有鲜明的中国文化特征，在这些中国城中可以用中文进行沟通，也可以品尝中国美食，购买来自中国的商品。这就是基于拥有共同文化根基的旅居海外的华人相互扶持支撑，而形成的一个个在异国文化中的华人文化社区。同样，品牌也能够形成这样可以共享的文化，全球任何一个地方的麦当劳，都会遵循共同的品牌文化：质量（quality）、服务（service）、洁净（cleanliness）、价值（value），以及共同的视觉形象：金色拱门、和蔼可亲的麦当劳大叔、干净整洁的餐厅等。

其次，文化要处于相同时空之中，拥有同样的语言。文化并非一成不变的，随着时空的流转，文化也在不断发生变化。就比如你突然成为穿越剧的主角，回到秦始皇时代，你有可能听懂那个时代的人说话吗？答案是不能！在中国古代，由于北方游牧民族的影响，胡语与中原汉语多次发生融合，现代汉语与古代汉语已经有极大不同，有研究者认为北方的语言中已经没有古代汉语的发音，只在闽南话、粤语、客家话及吴语中还有部分保留。文化的变迁使得不同时空中的人们难以相互理解。跨文化的品牌输出同样会遇到问题，跨国品牌的文化虽然可以输出到他国，但如果不能基于共同的语言（通过对语言文字的翻译，或对文化符号的共同认可），也是无法实现的。

最后，文化可以提高成员在系统内的适应能力。共同的文化可以增强人们的相互认同感，使人们能够更好地融入团体之中。哈雷·戴维森品牌在受到雅马哈等日本摩托车的冲击之后，并没有顺应潮流改变其硬朗的外观形象，而是成立了哈雷俱乐部，吸引了大量高收入群体的加入，使这些消费者可以更好地分享驾乘哈雷摩托车的体会与经验,为他们营造了一个彰显自我、追求自由的梦想国度。在这个国度中,他们可以更自由地追逐自己的梦想。哈雷俱乐部的老鹰标志已经不仅仅是一个商标,而是成为一种独特的生活方式及张扬自我的象征(见图1-4)。

图1-4　哈雷俱乐部 logo

　　基于以上观点,我们或许可以说:品牌文化是共同拥有品牌的群体或个体可以互相交流共享的信念、价值观、仪式、行为规范等,这些信念、价值观等将品牌的拥有者(生产商、消费者、向往者等)凝聚成一个较为紧密的群体,形成品牌在精神层面的高度认同,最终形成品牌信仰。

二、品牌文化与企业文化

　　品牌是由企业打造的,那么企业文化是品牌文化吗? 两者又有何关系?

1. 品牌文化与企业文化的异同

　　企业文化是一种组织文化,是企业生产经营和管理活动中所创造的具有该企业特色的精神财富和物质形态,是一个组织由其价值观、信念、仪式、符号、处事方式等组成的特有的文化形象。企业文化与企业的经营管理有不可分割的联系,是属于企业员工的内部文化,其本质是企业通过建立一种共同的价值观,从而形成统一思维方式和行为方式,以增强企业凝聚力与向心力,增强团队的工作能力。

品牌文化是基于某一品牌对社会成员的影响、聚合而产生的亚文化现象，是企业与消费者、向往者共同拥有的文化，属于一种外部文化。

2. 品牌文化与企业文化的关系

虽然企业文化的作用与品牌文化不同，但两者又是密切关联的。

1）品牌文化的塑造离不开企业文化的支撑与保障

试想一家公司致力于打造以优质服务为核心的品牌文化，但对自己的员工缺乏有效管理，时常有侵害消费者利益的情况发生，又如何能让消费者认可它的品牌文化呢？

比如海尔的品牌文化重在科学发展与持续创新，以及对人的尊重上。而它的企业文化就是其品牌文化的内核，其核心价值观主要在于其三观：是非观——永远以用户为是，以自己为非，这是海尔持续发展的动力；发展观——创新创业的精神，这是海尔文化不变的基因；利益观——人单合一双赢，这是海尔永续经营的保障。

2）品牌文化能够带动企业文化的建设

建设具有吸引力、凝聚力的品牌文化是企业生存发展的命脉，因此企业需要集中最大的力量为之努力，这势必会对企业文化的建设提出相应的要求，从而带动企业文化的建设。

比如"以人为本"的惠普之道，带动了以员工为导向的企业文化建设。惠普公司的文化强调团队精神，信任并尊重个人，追求卓越的成效与贡献，鼓励变通与创新，并且谨守诚信原则。

三、品牌文化的功能

1. 品牌文化可以提升凝聚力

当你用手握住一把干沙子时，握得越紧就会有越多沙子从指缝中溜走。松开手，沙子就散开了，什么都没留下。但如果你握住一把湿沙子，沙子就变成一个团，越用力沙团也越紧密。缺乏品牌文化的产品，其消费者是孤立的，彼此之间没有情感的连接，没有价值的认同，也就缺乏聚合力。而品牌文化就像是把沙子黏合在一起的水分,其所代表的价值主张、审美特征、利益认同,使品牌的共同拥有者相互之间有了关联,能够凝聚在一起。

诺基亚曾占据全球手机市场份额的 38.6%,并连续 15 年位居世界手机市场销量第一。当诺基亚提出"科技以人为本"时,就清晰地向世人展示它的理念:"人"是诺基亚最大的财富,不仅是其产品的消费者,还包括了企业内部的员工。诺基亚不仅提供了良好的工作环境,还注重员工工作与生活的平衡,从学习、工作、生活、理财等方面帮助员工拥有更加平衡、健康的生活。在中国、美国、欧洲、亚太地区,诺基亚建立了 4 座诺基亚学院,为员工提供跨职业指导、在线教学、个人发展咨询等服务,以支持员工不断成长。诺基亚内部非常提倡创新,公司专门设立了诺基亚创新奖,鼓励员工提出在产品设计、技术等方面的新想法,每位员工都有机会参与创新。在诺基亚,员工之间互相扶持。许多曾在诺基亚工作过的员工,即使离开了也依然怀念在诺基亚工作的时光。这些无不验证了诺基亚的价值文化观念的魅力,即"诺基亚之道":客户满意、相互尊重、追求成功、不断创新。

2. 品牌文化可以增强影响力

品牌文化是一种基于品牌对社会成员的影响、聚合而产生的亚文化,由于它直接影响人们生存的社会心理环境,能够赋予一小部分人群独特的精神风貌和气质,使他们具有独特的可辨识的身份特征,因而对特殊群体的影响力往往比主文化更大。

比如哥特洛丽塔风格的服装品牌 Moi-meme-Moitie,以黑白为主色调,配以十字架银器等装饰和着装者较为浓烈的深色妆容,强调神秘色彩,可谓是集优雅华丽与黑暗诡异于一身,非常受欧美消费者喜爱。虽然服装价格昂贵,但是对于欣赏这一种二次元文化的年轻女性来说,具有难以抵挡的诱惑力。

3. 品牌文化可以提升竞争力

华为公司的企业文化是"狼文化",具有狼一样的野性与拼搏精神。狼最大的特点是具有忍耐力,最多可以 17 天不进食,甚至能够花上两个星期,行走 200 多公里来追踪猎物。此外,狼有着敏锐的嗅觉,在几公里之外就能因闻到而发现猎物。作为群居动物,狼群共同协作并有明确分工,因此即使是比它跑得快或是强壮的动物也可能会被它捕猎。华为奉行狼性文化,其员工也有着像狼一样的顽强斗争精神,无论遇到何种困难都不轻言放弃。在 2019 年被美国制裁后,华为遭遇了巨大打击,然而华为在美国每一轮规则措施展开之后都会积极应对,调整业务发展方向。一方面在条件允许的范围内向高通采购 4G 芯片,另一方面布局鸿蒙系统、智能汽车等产业生态,寻求更多的破局机会。2022年华为轮值董事长徐直军表示,华为已经转危为安。打开华为网站,你会看到广告语"让创造更有价值",以及欢言沟通的用户和露出自信、欣慰笑容的工程师(见图 1-5)。用自身的坚忍换来用户的笑容,为用户提供优质的产品与服务,就是华为的品牌文化。

图 1-5　华为公司网站

品牌文化可以赢得消费者的尊重与价值认同,让消费者更愿意以实际购买行动支持品牌的发展,从而增强品牌的竞争力。与缺乏品牌文化影响力的产品相比较,消费者愿意以更高的价格购买品牌文化影响力高的产品;愿意付出更长时间、更多精力去寻找,以及付出等待的成本。就像是有些品牌的汽车,消费者愿意等待两三个月提车,甚至愿意加价提车,而有些品牌的汽车打折销售却无人问津。

4. 品牌文化可以提高忠诚度

当前市场上商品过剩、商品同质化情况愈发严重,品牌之间竞争激烈,几乎任何细分市场都有多个品牌同时参与竞争,消费者可以同时有多种选择,并且各种选择下商品的质量并没有明显的差异,因而对品牌的忠诚度普遍不高。当一个品牌的消费者,遇到其他竞争品牌低价促销、进行广告宣传、推出独特包装时,都有可能转而购买其他品牌,这对于品牌无疑是一种损失。

独特的品牌文化可以为品牌建立差异化形象,使消费者能够在众多品牌中清晰地识别出该品牌,并产生持续购买行为。任何品牌的产品都有可能出问题,即使是知名优质的产品也难以避免,如果遇到质量问题消费者就弃之如敝屣,说明消费者对于品牌没有情感连接。而对品牌忠诚度高的消费者则更有可能以信任、宽容的态度面对,相信企业能够妥善地解决问题。品牌忠诚度由5个层级构成:无品牌忠诚者、习惯购买者、满意购买者、情感购买者、忠诚购买者。对于品牌文化的高度认同能够让消费者对品牌产生情感与依赖,甚至引以为傲。

特斯拉是定位于城市型的纯电动汽车品牌,前期生产高档型纯电动轿跑满足高收入人群的需要,通过邀请科技名人、高流量人群、商业顶流和部分有影响力的政客作为自己的第一批产品用户,包括谷歌创始人拉里·佩奇(Larry Pagel)、ebay 创始人杰夫·斯科尔(Jeff Skoll)、阿里董事俞永福等,以获得良好的名人效应,使特斯拉迅速成为身份的象征。然后,特斯拉创始人埃隆·里夫·马斯克(Elon Reeve Musk)所开创的太空探索技术公司 Space X 火箭成功升空,也为特斯拉强化了品牌声誉,给人以特斯拉在科技方面出类拔萃的感觉。其唯快(move fast)、为人所不能(do the impossbile)、持续创新(constantly innovate)、溯本清源(reason from the "first principles")、业主思维(think like owners)和全力以赴(we are all in)的品牌文化逐步深入人心,马斯克也成为传奇人物。

近年来,特斯拉不断曝出刹车失灵等事故,在消费者对产品的信心方面造成不小的打击。然而,金融与技术服务公司 S&P Global Mobility 发布的一项研究表明,2020 年 1 月至 2022 年 4 月,在豪车品牌忠诚度普遍有所下降的同时,特斯拉却成为少数品牌忠诚度获得上升的品牌之一。当然,这一数据与美国消费者的力挺有关(高达 60%,加州消费者的支持率更是高达 80%)。

5. 品牌文化可以增强品牌辐射能力

消费者一旦认可了某品牌文化,会对其产生好感、信赖、崇拜等情感联系,进而对其销售的其他领域产品也较为容易接受,这是一种爱屋及乌的心理现象,而应用到商业上就是品牌延伸策略。品牌延伸是指把品牌应用到新产品或不同领域的其他类型的产品上,可以降低新产品的营销推广成本,并迅速取得品牌推广的成功。

小米在其官网这样描述公司的品牌文化：小米的使命是始终坚持做"感动人心、价格厚道"的好产品，让全球每个人都能享受科技带来的美好生活。小米把每一分精力都专注于做好产品中，让用户付出的每一分钱都物有所值。在众多领域，小米都以一流的品质、紧贴成本的定价彻底改变了行业面貌，大大加速了产品普及。"性价比"是小米手机的最大特点，也是很多消费者对于高品质、低价格商品的稳定需求。小米公司坚持硬件综合净利率不超过5％，并不断向消费者和社会公众传递这一价值观，从而让关注性价比的消费者形成对小米文化的认同感，成为小米的忠实用户。

小米是一家少见的拥有"粉丝文化"的高科技公司，和消费者做朋友，显而易见地拉近了和消费者的距离，让消费者从心底接纳它的产品。小米的消费者按照与品牌之间的关系可以形成一个金字塔结构，塔尖是小米的发烧友，小米以赋予粉丝特权的方式鼓励其参与决策；金字塔中间是信赖小米价值主张的米粉群体，具有较强的购买欲望，且会自发传播小米品牌文化；塔基是庞大的普通消费者群体，在接触小米品牌文化的过程中可能转化为米粉。

小米公司于2010年4月成立，起初主要以智能手机切入市场，仅7年时间，其年收入便突破了千亿元人民币，成为全球第四大智能手机制造商，在30余个国家和地区的手机市场中排名前五，因此提到小米，人们首先想到的便是小米手机。现在呢？你从小米商城能够看到包含婴儿推车、箱包、枕头等数百个类目的产品，不同种类的产品型号数以千计。而这些产品中的绝大多数与小米的核心产品——智能手机无关，小米的品牌文化帮助其品牌延伸到生活、健康、出行等方方面面。

四、品牌文化的核心

品牌文化的核心是什么？有人说是文化内涵，这种说法显得多余，因为文化本身就是内涵丰富的。这句话只是在分析文化的成分，而没有给予品牌文化一个通透的解释，并且完全忽略了"品牌"在其中的意义。就像是说地球的核心是地核，这是由科学家人为地对地球这个天体的一个划分，将位于地球中心位置的半径约为3470千米，主要由铁、镍元素组成的高密度区域称为地核，但它不能成为"地球"这个概念的核心。地球的核心意义与价值在于：它是全人类及生活在地球上的所有生命的共同起源,是我们在浩瀚宇宙中的唯一家园,它承载了人类文明的发展史。

那么品牌文化的核心究竟是什么?笔者认为是它的感染力、穿透力。一个具有感染力的、能够打动人心的品牌文化才是具有生命力的。品牌所凝练的价值观念、生活态度、审美情趣、个性修养、时尚品位、情感诉求等精神象征,都是为了打动消费者,让他们接受、喜爱、信赖、依恋,乃至崇拜品牌。就像是一个年轻人准备求婚,梳洗打扮,穿上漂亮的衣服,喷上香水,拿上鲜花和钻戒,准备了别出新意的求婚仪式,其中包含着审美情趣、个性修养、时尚品位等,但是最终的目的并不是展现这些精神气质,而是为了能够打动他所钟爱的对象,让她高兴、感动,感到幸福并答应他的求婚。

具有感染力与穿透力的品牌文化,能够将品牌的共同拥有者凝聚在一起,能够增强品牌的影响力,使了解品牌文化的人自发地去传播与分享它,呼吁更多人购买、使用该品牌的产品或服务。一个发生在身边的例子是,笔者在使用了华为品牌的手机之后,向一位多年使用 A 品牌手机的朋友推荐了它,而她在购买后说:"这是我今年花得最值的一笔钱",并且进一步向其他朋友推荐该品牌。当我们看到另一位擅于摄影的朋友也改用华为手机拍照时,还一起兴奋地共同讨论它在摄影上的优劣。这充分说明了华为产品及品牌文化中的"让创造更有价值"的穿透力。

第二章　品牌文化相关理论与观点

一、品牌与营销理论

1. 品牌形象理论

品牌形象（brand image）理论于 20 世纪 60 年代由奥美广告公司创始人大卫·奥格威提出。该理论主张追求品牌形象差异的长期性，认为广告就是建立、培育和发展品牌。产品与产品之间的相似点越多，消费者在选择品牌时的理智考虑就越少。正如大卫·奥格威所说：广告就是对品牌形象的长期投资。

品牌是消费者在生活中通过认知、体验，逐步建立起来的对产品及生产产品的企业的信任与感受，它使一种产品与其他产品区隔开来，是消费者如何感受一个产品的总和。

可以说品牌依附于产品而存在，但是品牌不等同于产品。产品是一个事实，是工厂所生产出来的东西，它的形状、色彩、功能、质量等共同决定了它是个什么样的产品。而品牌则基于消费者对产品或服务的感受，比如它的造型让人觉得可爱、它的质量让人觉得可信、它的色彩让人觉得时尚等，这些是促使消费者进行购买的东西，它除了包含产品之外，还包括品牌带来的优质服务、质量保证、身份认同等衍生价值。尽管当前有诸多保护产品不被抄袭的办法，申请专利或是知识产权认证，但产品仍然呈现同质化的趋势。而品牌形象之间的差异却是巨大的，甚至不同品牌的同类产品给人的感受超过不同品类之间的差异。

品牌之间的竞争主要依托 3 个方面的核心价值：①理性价值；②感性价值；

③象征性价值。

1）理性价值

理性的品牌核心价值着眼于品牌利益,即品牌能够为消费者带来哪些功效、性能、质量等,这些是依托于产品属性的功能利益,是绝大多数初创品牌所立足的根本。广告中强调理性价值,在快速消费品行业相当常见。

2）感性价值

感性的品牌核心价值关注的是品牌关系,着眼于顾客在购买和使用过程中获得的感受,这些感受为消费者与品牌营造了密切的情感关系。感性价值是强势品牌的代表性特征。

3）象征性价值

象征性的品牌核心价值展现的是品牌个性,使品牌获得消费者认同,成为消费者性格、气质、身份等内在品质的外化。

可口可乐公司更换配方的故事

如果研究一下可口可乐公司 logo 的演变历史,就会发现在 1985 年与 1987 年,其 logo 设计的风格发生了一次重大的转折与反复。自 1905 年可口可乐公司确立了其 logo 花体字的写法之后,直至目前的版本基本保持了类似的字体与组织结构。唯有在 1985 年,可口可乐公司在将满 100 周年的时候做出了巨大的调整,将 logo 字体从富于装饰性的手写体改为了简洁的印刷体,然而仅仅 2 年后又换回了原有的字体风格(见图 2-1),这中间发生了什么?

图 2-1　可口可乐公司 logo 演变历史

可口可乐公司诞生于 1886 年,其最大的竞争对手是百事可乐公司。虽然百事可乐公司诞生于 1898 年,仅比可口可乐公司"年轻"了 10 余岁,但百事可乐公司一直宣称自己引领着年轻、时尚,而将可口可乐公司比作老古董,这一营销策略不仅影响了消费者,也影响了可口可乐的决策层。同时,百事可乐公司发起的"口味挑战"对可口可乐公司的销量造成了影响,可口可乐公司高层认为,沿用百年的经典配方已不足以满足现代年轻人的口味,因此决定更改其配方。

为此,可口可乐公司于 1982 年开始实施名为"堪萨斯计划"的营销行动,派遣了 2 000 名调查员广泛调研消费者是否愿意尝试一种新型的可乐,试图了解消费者是否接受在可口可乐中添加新成分以使其口感更柔和,以及他们是否愿意接受可口可乐与百事可乐的口味相仿等问题。调查结果表明,一半的人表示他们将会适应新的可口可乐,而只有 10% 到 12% 的顾客对新可口可乐感到不安。1984 年,可口可乐公司推出了一种全新口感的配方,口感更甜且更柔和、气泡更少、略带黏稠感。此后,可口可乐公司又投入 400 万美元对 19.1 万名消费者进行了口味盲测,新可乐以 61% : 39% 击败了旧可乐。

1985 年 4 月 23 日,可口可乐公司举行新闻发布会,宣布新可乐取代旧可乐上市。经过如此谨慎的调研与测试,花费数年时间调配出来的新配方,在刚上市的头两个月确实显著提升了销售量。据报道,在新可乐发布后的几天内,超过 70% 的美国人尝试了这款饮料。但之后就发生了断崖式下跌,公司每天接到数千个投诉电话。大惑不解的可口可乐市场调查部门紧急出击,进行了新的调查。结果显示,在 5 月底 53% 的顾客还表示喜欢新可乐,可到了 6 月,超过一半的人说他们不再喜欢了。到 7 月,只剩下 30% 的人说新可乐的好话了。大多数美国人表达了同样的意见:可口可乐背叛了他们。有人愤怒地比喻:"在我看来,改变可口可乐的配方,就像是其重新写《宪法》或《圣经》一样严重。"百事可乐公司则声称:既然可口可乐的口味变得更像百事可乐了,那么消费者不如直接改喝百事可乐。愤怒的情绪持续在美国蔓延,可口可乐公司无奈之下决定恢复传统的配方,并将其命名为"经典可口可乐"。这一决定使得美国上下一片沸腾,当天即有 18 000 个感激电话打入公司免费热线,经典可口可乐的回归成为全美各大报的头版头条。甚至民主党参议员大卫·普赖尔(David Pryor)在议院演讲时称"这是美国历史上一个非常有意义的时刻,它表明有些民族精神是不可更改的"。

消费者购买的是可口可乐公司的产品吗？不，消费者购买的是它的感性价值与象征性价值！当可口可乐的口味发生变化而消费者没有将它与品牌连接时，消费者是欢迎的，但当消费者通过新闻发布会，以及包装、logo 的改变意识到可口可乐发生了变化时，其与品牌之间长久以来的情感联系被切断了，他们感觉到失去了象征性的文化符号，于是做出了如此激烈的反应。

2. 生命周期理论

产品的生命周期理论是针对广告策略传播阶段的理论，1925 年由格勒纳（Kleppner）在其著作《广告创意》（*Advertising Procedure*）中最先提出。生命周期理论的主要论点在于：针对产品在生命周期的不同阶段及不同的市场情况应该采取不同的广告策略。格勒纳认为可将产品生命周期区分为 3 个阶段：开拓阶段、竞争阶段、保持阶段。而现代营销学之父菲利普·科特勒则将产品生命周期分为开发期、引入期、成长期、成熟期和衰退期 5 个阶段。

1）开发期

这是产品从无到有的研发阶段，一般发生在高度发达的创新国家。这一时期由于不涉及市场销售，因此一般不存在广告营销问题。当然不排除有个别产品还未完全开发完，就通过预告、内测等形式勾起潜在消费群体的兴趣。此类产品一般都是以内容为主的文化产品，如电影、游戏等，需要一定的开发周期且带有明显的风格印记，不担心对手的抄袭。

2）引入期

新产品刚进入市场，市场上还没有出现或仅有少量竞争者。在这个阶段，消费者对产品还缺乏相应的概念与认知，不了解产品有怎样的功能与特性，所以现阶段的广告必须以功能或用途为诉求重点，采取告知策略，建立起消费者对产品的初步概念。如 iPad 刚刚诞生时，消费者对于这样一种可以直接用触碰交互的平板电脑还不了解，也不清楚它能用来做什么，因此广告诉求的重点是向消费者直观地演示其使用方法与功能。广告中的第一句话"什么是iPad?"先引起观众的疑问，之后就是对此问题的详细解答。虽然当 iPad 进入中国市场进行销售时已经是第二代产品了，但由于它对于中国消费者来说仍然是新事物，因此 iPad2 仍采用了同样的诉求策略（见图 2-2）。

图 2 - 2　iPad2 广告

3）成长期

经过引入期的销售，产品已经获得了市场的认可，产品的需求量与销售额迅速上升，企业利润大幅增长。同时，更多竞争者看到市场机会，各商家纷纷涌入试图瓜分或占有市场。在此阶段消费者已经对产品有了相应的了解，广告的任务是让消费者在众多竞争品牌中选择自己的品牌，因此广告诉求应强调自我品牌的特色以区别其他品牌。从三星平板电脑的广告中不难发现，其产品广告的诉求定位在"轻、薄、快"，从而与苹果 iPad 相区分（见图 2 - 3）。

图 2 - 3　三星平板电脑广告

4）成熟期

随着购买产品的人数增多，市场需求趋于饱和，此时经过市场充分竞争，市场的格局已基本稳定，消费者对市场上的品牌也已形成一定的概念。同时由于竞争的加剧，同类产品生产者之间不得不加大在产品质量、花色、规格、包装、服务等方面的投入，在一定程度上增加了成本。此时的广告策略应以巩固品牌在消费者心目中的地位为主。

菲利普・科特勒所说的前 4 个生命时期与格勒纳所提出的 3 个发展阶段基本是吻合的,且第一个时期"开发期"基本不涉及市场营销。但菲利普・科特勒认为在此 4 个时期之后还有第 5 个阶段"衰退期"。

5) 衰退期

格勒纳认为在保持阶段之后(虽然他没有明确划分,但从他的论述中可以看得出还存在一个"后保持阶段"),此时企业会针对产品加以改良,开发产品的升级版或以全新的产品进入市场,从而进入第二周期的开拓阶段。如此周而复始,整个市场呈现螺旋状发展。而菲利普・科特勒则指出,随着科技的发展及消费习惯的改变等原因,产品会步入淘汰阶段。在此时期,产品的销售量和利润持续下降,原有的产品不能继续适应市场需求,市场上已经有其他性能更好、价格更低的新产品足以满足消费者的需求。虽然企业已经不会继续投入开发新的型号,但是老的产品也并非立刻退出市场,而是会采取提醒性广告策略,让消费者不要轻易放弃自己的产品。此时成本较高的企业由于无利可图会陆续停止生产,该类产品的生命周期也就接近结束,以致最后完全撤出市场或进入"后保持阶段"。

3. 定位理论与"视觉锤"

广告定位是现代广告理论和实践中极为重要的观念,被称为有史以来对美国营销影响最大的广告理论。定位理论的创始人艾・里斯(Al Ries)和杰克・特劳特(Jack Trout)指出:"'定位'是一种观念,它改变了广告的本质。定位并非要开发新的产品或是增加功能等,不是改变产品本身,而是力图寻找到一个新的产品与消费者之间的匹配模式。"定位是广告主与广告公司根据产品特点及社会既定群体对此类产品某方面属性的差异化需求,把自己的广告产品确定于某一细分市场,向具有某方面共同特征的目标消费者出售,以利于在这个领域与其他厂家产品竞争。

定位是对未来的潜在顾客心智所下的功夫,也就是把产品定位在未来潜在消费群体的心中。它的目的是在广告宣传中,为企业和产品创造特色、树立独特的市场形象,从而满足目标消费者的某种需要和偏爱,为促进企业产品销售服务。广告定位的方法主要有抢先定位、强化定位、比附定位、逆向定位、补隙定位等。

熊向晖在《我的情报与外交生涯》(中共党史出版社)中记述了 1954 年日内瓦会议时发生在周恩来总理身上的故事。为了向国际友人更好地宣传中华人民共和国,外交人员在日内瓦播放《梁祝》,然而由于语言文化的差异,效果并不理想。于是工作人员将剧情介绍和主要唱段写成一本十五六页的说明书,准备译成外文发给外国记者。周恩来批评说这是搞"党八股",改让在邀请函写"邀请你观看中国的《罗密欧与朱丽叶》",并在放映前用英语作 3 分钟的说明,用诗意悲情的词语概括地介绍剧情。放映过程中全场肃静,嘉宾都在聚精会神地观看,演到"哭坟""化蝶"唱段还不时可听到观众的啜泣声。放映结束后观众还如痴如醉地坐着,沉默了约 1 分钟,才突然爆发出热烈的掌声。他们久久不肯离去,纷纷发表观感,普遍认为:太美了,比莎士比亚的《罗密欧与朱丽叶》更感人。这个故事既说明了中国传统文化艺术的魅力,也从另一个角度说明了定位的理论。虽然那时定位理论还未诞生,但这是一个非常经典的定位案例,用一句"中国的罗密欧与朱丽叶"启动了西方观众的心智。

定位就是在消费者心智中找到一个空位,然后植入一颗"钉子"。然而在视觉时代,抢占消费者心智不仅需要用"语言的钉子",还要通过强有力的"视觉锤",把"语言钉子"更有力地植入消费者的心智中。"视觉锤"可以更快、更有效地建立定位并引起顾客共鸣。

"视觉锤"可以从品牌的 logo、产品造型、包装、视觉识别(VI)系统、海报宣传等方面入手。例如麦当劳红色底上的鲜亮黄色 M 造型,就是一把有力的"视觉锤",紧紧地将品牌形象"钉"在消费者的心智之中。任何时候看到它,哪怕惊鸿一瞥、哪怕似是而非、哪怕残缺不全,都能立刻联想到麦当劳品牌。

4. 品牌延伸

品牌延伸(brand extensions)战略是品牌战略的一部分,指企业扩大现有的产品类别、品类或经营范围,但并不创立新的品牌,而是利用现有品牌名称,将之扩充到新的产品类别,以已有的品牌知名度帮助新产品打开市场。

品牌延伸并非只简单借用已经存在的品牌名称,而是对整个品牌资产的策略性使用,利用消费者对品牌的良好感知、品牌态度和爱屋及乌的心理去撬动现有品牌建立起来的顾客资产。利用已成功获得市场认可的品牌所创下的知名度与信誉,可以使新产品缩短被消费者认知和接受所需的时间,减少开拓市场的资金与其他资源投入,更顺利地进入和占领市场。现代品牌营销之父戴维·阿克(David Aaker)与品牌管理的国际先驱凯文·莱恩·凯勒在合著的《品牌延伸的消费者评估》(1990)中提到:"在某些消费者市场,导入一个新品牌的费用在5 000万美元至1亿美元之间。"品牌延伸能够让企业以较低的成本更迅速地推出新产品,因而被视作企业推出新产品的主要手段。

品牌延伸一般包含2个维度,2个延伸维度分别为横向维度与纵向维度。

横向维度是企业在品牌现有产品线之外拓展产品或服务的类别,新产品与已有产品没有直接联系。例如,小米作为一家以智能手机、智能硬件和物联网(IoT)平台为核心的消费电子及智能制造公司,主要从事智能手机、电视、笔记本电脑、智能家居等产品的研发、制造和销售。创立至今,小米已成为全球领先的智能手机品牌之一,智能手机全球出货量稳居全球前三。当小米手机在消费者心目中占据了一定地位之后,小米品牌成功地将产品线延伸到包括箱包、服装、螺丝刀等数百个品类。

纵向纬度可分为:向下延伸、向上延伸和双向延伸三种方法。

(1)向下延伸。高端品牌利用已有产品形成的良好声誉,在产品线中增加较低档次的产品,吸引购买力水平较低的顾客慕名购买。

(2)向上延伸,即在原有产品线上增加高档次产品,将商品推向高档市场。如奇瑞汽车最初以2~3万元的奇瑞QQ打开市场知名度,再逐步增加高端车型,目前销售的瑞虎9系价格已至20万左右。而在拉丁美洲,瑞虎则属于中高端汽车品牌。

(3)双向延伸,即原定位于中档产品市场的企业在掌握市场优势后,向产品线的上下两个方向进行延伸,一方面增加高档产品,另一方面也增加低档产品,以此扩大市场阵容。

品牌延伸策略既有其巨大的优势,也存在潜在的风险。一方面,由于依恋效应和晕轮效应的存在,使得消费者将对原有品牌产品的情感迁移到新产品上,从而容易接纳新产品,增加对新产品的信任感,进而产生重复购买、溢价消费与扩大购买的行为。这种积极正面的心理效应有助于提升企业或品牌的知名度、培养品牌忠诚度,也有益于企业新产品的推广。然而,另一方面,消费者情感的迁移并非总能取得良好效果,它受到消费者对原有品牌与延伸产品之间相似程度的主观感知的影响。若契合度高,则对原有品牌的积极情感能顺利地迁移到延伸产品上;相反,若契合度低,则迁移可能会受阻,甚至由于认知矛盾而对延伸产品持消极态度。这种负面的晕轮效应可能会加剧新产品的问题产生,甚至有可能伤及原有品牌。

因此,品牌与延伸产品之间的感知契合度是影响品牌延伸最重要的因素之一。所谓感知契合度,是指消费者认为延伸产品与原品牌之间的相容程度。高契合度的品牌延伸使得消费者对品牌延伸的评价更高,就越能促使原品牌的质量信息传递到延伸产品中。成功的品牌延伸不仅能够提升消费者对新产品的购买意愿,还能显著提升消费者对原有品牌的态度和品牌形象的感知。消费者通常认为契合度高的情况一般包括:①延伸产品和母产品可以相互替代,如香皂与沐浴露;②延伸产品和母产品是互补关系,如牙刷与牙膏;③母产品的生产技术可以迁移到延伸产品上,如燃油汽车与电动汽车等。

而低契合度的品牌延伸可能导致消费者难以将现有的品牌认知转移到延伸产品上,因而无法形成有效的品牌联想。又或者是,新产品带来的与原有品牌知识不相关、不一致的信息有可能造成消费者的认知不协调,进而破坏品牌在消费者心中的原有定位,损害品牌资产,引发"品牌稀释效应"。哈雷·戴维森是世界顶级休闲摩托车品牌,一个多世纪以来,它一直是原始动力和美好时光的代名词,代表了自由、个性的独特生活方式,是激情、自由、勇敢的象征。尽管一辆摩托车的价格可达数十万元人民币,但仍拥有庞大的消费者群体。1983年,哈雷·戴维森成立了哈雷车主会(Harley Owners Group),至2013年,超过110万名的会员和1 400家分会让哈雷车主会成为世界上最大的由生产厂商赞助的摩托车组织,并且它的规模在不断扩大。这样一个成功的品牌使其企业相信人们肯定也愿意身上闻起来充满"哈雷味儿",于是推出了一款名叫"Hot Road"(热辣公路)的香水(见图2-4),里面有木质香调和烟草的味道。然而市场并不买单,甚至有人将这款香水称为"哈雷公司史上最糟糕的创意"。

图2-4　哈雷·戴维森"Hot Road"香水

艾·里斯及杰克·特劳特在营销实战中总结出品牌延伸的规则：

（1）当竞争对手中没有专家品牌的时候，品牌延伸通常不会导致失败；

（2）当面对专家品牌的竞争时，品牌延伸将是糟糕的策略；

（3）面对延伸品牌的时候，企业可以使用专家品牌瓦解对手；

（4）品牌延伸有一种"跷跷板效应"，即延伸品牌不会在两个领域齐头并进，当新领域增长时，旧的领域将下滑，形成此消彼长的局面。

5. 品牌关系理论

品牌关系理论是品牌理论研究中最新的领域。品牌关系最早由美国学者布莱克斯顿（Blackston）在1992年提出，该理论是基于社会心理学中的人际关系理论，布莱克斯顿将其扩展到品牌研究领域，认为品牌关系是消费者和品牌之间的态度和行为相互作用的结果，是一个主观品牌和客观品牌之间相互作用的结果。一方面，品牌通过定位战略形成品牌形象展示在消费者面前，此时品牌为客观品牌；另一方面，消费者对品牌形象会形成自己的态度，即消费者如何看待品牌，此时品牌为主观品牌。

消费者与品牌之间的关系对于重复购买、口碑传播及付款意愿等重要的营销结果有显著的影响。消费者与品牌之间的关系通常有知识动机、实用性、享受性、价值表达、社会适应和从属这六种方式。与消费者建立亲密的品牌关系有助于保持品牌忠诚度，促使消费者产生情感性心理依附，并激发共鸣，进而引导他们向其他潜在消费者推荐该品牌，以使企业获得经济利益、增加利润和减少营销开支，促进品牌资产增值和品牌价值提升。

许多研究表明，企业的一大部分销售额来源于少数忠诚消费者。此外，企业吸引一个新客户所花费的成本大约是保持一个老客户的两倍。因此，品牌忠诚度的重要性不言而喻。自 M. T. 科普兰（M. T. Copeland）于1923年提出品牌忠诚的概念以来，已有200多种关于品牌忠诚的描述。其中，奥立佛（Oliver）于1997年做出的定义获得了较为广泛的认可，他认为品牌忠诚度是消费者所持的一种对偏爱的产品和服务的深深承诺，在未来都持续一致地重复购买和光顾，因此产生了反复购买同一个品牌或一个品牌系列的行为，而不管情境和营销力量的影响，不会产生转换行为。

品牌忠诚是态度的一种特殊形式（心理契约）及随后引发的购买行为，它被分为认知性忠诚、情感性忠诚、意向性忠诚和行为性忠诚。心理契约 (psychological contract)又称为心理合同,是一个社会心理学概念。1960年, 美国组织心理学家克里斯·阿吉里斯(Chris Argyris)将心理契约从社会心理 学扩展到管理学研究领域。研究者认为心理契约是消费者建立在对承诺主观 理解上的信念和期望,但并不一定被品牌或者其代理人所意识到。

消费者忠诚的形成因素包括内因和外因两方面。内因是指消费者自身的 因素,包括:①期望降低消费风险;②消费者认可品牌在营销中构筑出来的品牌 附加价值。外因则包括:①在市场竞争不充分的情况下,消费者会倾向于忠诚 一个品牌;②文化因素,如在权力差距较大及集体主义文化背景中,消费者通常 拥有更高的品牌忠诚度。

自我形象一致性会影响消费者的品牌忠诚度,其通过功能一致性、品牌关 系质量、消费者参与程度等直接或间接地发生作用。因此,让消费者参与品牌 价值共创有助于提升品牌忠诚度。例如有研究表明,车主会对自己使用过的汽 车品牌保持更加良好的认可度,这是由于自我形象一致性影响着品牌关系的质 量。消费者认为自己是什么样的人,就会选择与之相匹配的品牌(见图2-5)。

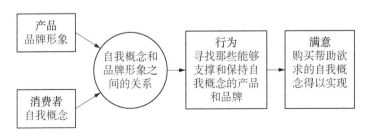

图 2-5　消费者自我概念与品牌的关系

这种消费者利用其所拥有的或期望拥有的品牌产品来支撑其自我概念的 心理行为会构成品牌依恋。品牌依恋是消费者对品牌的重要情感表达,是消费 者与品牌独特的情感联系或纽带,也是品牌关系的重要驱动力。汤姆森 (Thomson)和麦金尼斯(MacInnis)等学者于2005年通过实证研究将品牌依恋 区分为3个维度,并形成了专门用于测量消费者品牌情感依恋的量表,包含:激 情(热情、考虑、着迷)、感情(亲切、爱、友好、和平)和关联(联想、契约、联结)。

消费者对于品牌的依恋有助于品牌用较低的成本维护消费者关系,增强品 牌在市场上的竞争能力及抵御负面舆论的影响。自身个性与品牌个性相吻合的消费者,比那些自身个性与品牌个性不吻合的消费者对品牌具有更强烈的依恋。

人际关系理论被广泛引入品牌管理领域以研究品牌关系质量。品牌关系质量反映出消费者与品牌之间持续联系的强度和发展能力,它包括关系强度和关系时间的长度两部分。

品牌体验可以影响品牌关系质量,因此品牌需要通过品牌体验构建消费者的忠诚度,提升品牌关系质量。品牌体验是由与品牌相关的刺激引起的感觉、认知和行为反应,这些刺激是品牌设计和身份、包装、沟通及环境的一部分。品牌体验影响着消费者对品牌的满意度、信任度和忠诚度。

也有一些学者从使用同一品牌的消费者之间的关系入手,提出了品牌社区的三角形模型。品牌社区是基于使用同一品牌的消费者之间的一套社会关系的非地理专业社区,它能够为品牌建立另一种与消费者沟通的渠道,加强与忠实消费者之间的联系。例如哈雷俱乐部为其车主们提供了一个更好的分享驾乘哈雷摩托车体会与经验的社区,在这里车主们可以更好地张扬自己的个性,获得身份上的支持与认同。

在互联网时代,新的信息交流方式解构了品牌与消费者之间的信息不对称关系,消费者在做出决策之前不仅仅依靠企业的宣传或既往经验,还可以通过口碑评价、社群推荐等方式获得更及时、详尽、真实的信息。因此,品牌更加在意与消费者之间营造平等、开放、共创的互动关系。

6. 文化资本理论

文化资本(cultural capital)的形成既是货币形式投资的结果,例如通过各种培训、教育和相关文化活动来塑造正式的规范、打造企业形象等,从而建立组织的主导观念;又是非货币形式投资的结果,如领导风格、精力投入、时间分配和关注程度等,从而形成组织的日常观念。文化资本直接影响着组织达成共识的难易程度、气氛和凝聚力,而这些因素又是影响组织的战略制定与实施、组织结构正常运行及其有效性的重要潜在因素。

按照马斯洛的需求层次理论,高层次的生活需求(社交、尊重、自我实现)实际上都是基于文化基础的需求;文化,因其独特性而成为一种稀缺资源,构成消费产品的生产要素,或者本身就是高层次需求的消费产品,这一"要素"的性质与自然资源类似;同时,由于文化源远流长,每一段历史时期的创造过程都被视为前人对人类的"投资",它形成存量,即"文化资本"。

社会学家詹姆斯·科尔曼(James Coleman)对文化因素的作用给出了经典的分析,认为文化因素对于有效地转化劳动、资本、自然等物质资源以服务于人类的需求和欲望具有重要影响,可以将文化因素看成"文化资本或社会资本",从古典经济学的劳动、土地和资本,到新古典经济学的企业家才能,"资本"及其形态的变化过程一直是经济学研究的核心范畴。

对于企业发展而言,文化作为一种资本的重要功能在于它是信息的载体,能作为非正式约束来协调企业内外的人际关系。先进的文化和优秀的民族精神是企业保持长久竞争优势的最深厚的根基和最丰富的滋养。

文化资本对企业发展的经济意义主要体现在两个方面:

一是效率功能,优秀的文化价值能够培养出诚信合作的有进取心和创新精神的员工。

二是成本功能,在同一文化环境中,人与人交往的交易成本会减少,经营风险也会降低。

文化资本通常被定义为能够区隔他人的文化信号。这种信号的呈现形式多种多样。按照布尔迪厄(Bourdieu)在 1977 年提出的分类,文化资本既可以是针对某一特定文化活动的参与和熟悉的程度,也可以是对于某种文化资源的接触与获取,甚至可以是制度化的文化凭证。但无论是哪种具体的存在形态,按照社会学者安妮特·拉鲁(Annette Lareau)和艾里奥特·魏宁格(Elliot Weininger)的分析,文化资本的核心特征在于其能够将特定的评价标准置于整个教育系统之中。正是因为这种评价标准的"垄断性",具有特定文化资本的个体才能够在教育系统中"如鱼得水",将其文化特征转化为某种具有现实教育收益的"资本"。

二、文化观点

1. 大众文化与精英文化

1) 大众文化

大众文化是一种商业文化,是伴随着工业社会的日趋完善,在西方兴起的以大众传播媒介为载体,基于市场规律运作,旨在使大众获得感性愉悦的商品化的文化形态。

汉娜·阿伦特(Hannah Arendt)指出,大众社会不需要文化,只需要娱乐,大众文化的目的是让社会享用。大众文化生来具有"草根"性质,它为普通民众所享用,为普通民众所钟爱。这种娱乐化的文化与资本运作的手段符合大众的胃口,同时也大力接纳大众力量的参与,因此它的表达形式更为多元、自由和个性化。

媒介的发展对于大众文化的生产与传播起着非常重要的作用,可以说大众文化由印刷媒介而兴起,由电子媒介而泛滥,由数字媒介而融入媒介文化之中。在网络时代的背景下,大众既是大众文化的消费者,同时又是大众文化的生产者,大众文化得到了更丰富的创作来源与更广泛的传播途径。

2) 精英文化

精英文化是知识分子阶层中的人文科学知识分子创造、传播和分享的文化,"精英"是指社会为其设置专门职业或特殊身份的知识生产传播应用者。

欧洲著名的文化社会学家和艺术史学家阿诺德·豪泽尔(Arnold Hauser)认为,精英文化出现于文艺复兴之后。法国哲学家让-弗朗索瓦·利奥塔(Jean-Francois Lyotard)指出精英艺术在15世纪时取得贵族认可,并在治理国家事务中所发挥的独特功能,如具体化的绘画规则、精确的透视、井然有序的画面等,都有助于给新的政治集体的城市、国家和民族注入认同感。

在我国,精英文化的产生则要早很多,中国历史上代表精英文化的文人很早就与士大夫群体融为一体。如魏晋时期的门阀掌握着巨大的财富与权力,也掌握着受教育的权力。当时著名的文学家、书法家、艺术家都是政府要员,像曹操既是政治家、军事家,也是著名文学家;书法家王羲之曾官拜右军将军;"风流宰相"谢安多才多艺,善行书、通音乐,精于儒、玄、佛、道学。魏晋之后,科举选士的同时也是在遴选那些在文学、艺术方面有杰出成就的人,大多数官员在书法、诗词上有着深厚的造诣。

这些精英文化的代表,承担着社会教化的使命,发挥着价值规范导向的功能。精英文化在中国哲学思想、优秀传统文化的传承与弘扬,以及文学艺术的繁荣等方面做出了突出贡献。精英文化是自律的严肃文化,以自身的内在审美本性作为合法性根据,其道德关怀和审美追求通常构成了它对现存文化的反思、批判和重建功能。

2. 主流文化与非主流文化

1) 主流文化

主流文化是一个社会中具有主导性和规范性,表达社会主体意志(国家意志、利益和意识形态)的文化,以具有稳定性和延续性的社会理想和价值规范,给予大众社会认同,是促进民族凝聚和社会稳定的精神动力。

无论是东方还是西方,都必定有主流意识形态和主流文化存在,主流文化具有主导性、权威性和强制性。主流文化是在一个社会中受到倡导的、对社会价值塑造起到主要影响作用的文化,它往往通过官方渠道进行传播,指明社会的理想价值、发展方向,建构执政者的行动准则,对民众的行为和观念进行总体的引导、教育和规范。

2) 非主流文化

主流文化由于具有历史性民众认同,又有官方传播渠道的优势,因此经常名正言顺地进行思想观念的强势传播,往往导致观念僵化、内容空洞。尤其是在面临媒介形式多元化、去中心化的当下,主流文化在大众的传播中显得力不从心。因此,需要非主流文化对主流文化加以丰富、补充和促进。

非主流文化在某些方面与主流文化价值有所区别,具有个性化、区域化、民族化等特征。非主流文化在一定程度上会对主流文化有所冲击,但积极的非主流文化与主流文化是相互促进和共同发展的,甚至非主流文化也可以转化为主流文化。如在以古典主义、学院派为主导的 19 世纪的法国,印象派显然是非主流的,他们的作品不能在官方沙龙展出,只能参加"落选沙龙"画展。而随着印象画派的大放光彩,印象主义转变成为主流文化的一部分。

3. 乡土文化与都市文化

1) 乡土文化

乡土文化是一个地方的人民经历世世代代的历史演变,经由长期生产生活的积累而形成的知识体系和文化传统,具有鲜明的地域气质。它是一个民族得以繁衍发展的精神寄托和智慧结晶,有着久远的历史积淀和丰厚的经验积累,是区别于其他文明的重要特征。乡土文化包含民俗风情、传说故事、古建遗存、名人传记、村规民约等诸多方面。大力传承和弘扬优秀乡土文化,守护乡土文化的宝贵根脉,可以保持异质文化的相对独立性。乡土文化中的民风民俗、节庆文化来源于生活,是各地人民在长时期劳作过程中的所思、所想、所感,体现了当地人民朴素的世界观与价值情感,是连接个人与社会乃至国家的重要文化纽带。

认知理论认为人的认知系统包含两个子系统:一是直觉系统,主要负责快速、无意识、非语言的认知;二是逻辑分析系统,是有意识的带逻辑、规划、推理的可用语言表达的系统。乡土文化代表着一个地区的独特传统、价值观和生活方式,它更多作用于人的直觉系统,决定着人们的心智模式。

2) 都市文化

都市在人类发展历史中起到决定性作用,德国著名历史学家奥斯瓦尔德·斯宾格勒(Oswald Spengler)说"世界的历史即是城市的历史"。《纽约时报》在2014 年撰文"从开封到纽约　辉煌如过眼烟云",讲到世界上最重要城市的变迁,在公元前 2000 年是伊拉克的乌尔,公元前 1500 年是埃及的底比斯,公元前500 年是波斯的波斯波利斯,公元 1 年则是罗马。公元 1000 年,开封是当时世界政治经济当之无愧的中心,吸引了世界各地的人们,当开封人口超过百万人时,伦敦仅有约 1.5 万人,而 1000 年后这个殊荣落到了纽约身上。将这些重要城市串联起来就几乎串起了世界的发展史。每个城市的兴衰也是一部都市文化的兴衰史,在这些都市文明史兴衰的背后,都能找到影响都市发展的文化原因。

都市文化区别于乡村文化,其空间性比较突出。法国学者亨利·列斐伏尔(Henri Lefebvre)在《生产的空间》中将空间分为物质空间、精神空间与社会空间,使空间成为社会关系、阶层结构和文化岩层的表征,它体现着人类物质生产能力和创造力的走向。而都市就是这样一个空间,它既是人类文明的象征和标志,也是浓缩着人类文化的容器,是各种社会关系的总和的象征。都市自身存在着诸多难以回避的问题:人口膨胀、交通拥堵、住房紧张、就业困难等,这些城市问题,或者说是城市空间问题,会反映在人们的文化与意识方面。

夏尔·波德莱尔(Charles Baudelaire)认为,都市文化具有现代性(过渡、短暂和偶然),现代性条件下人们重视的是时间而忽视空间。人们在都市中为了当下的存在而奋斗,巴尔扎克(Balzac)笔下的巴黎是都市现代性的典型体现。

在资本的主导下,都市人的时间与空间都被压缩了,导致人们的文化观念发生改变,这是都市文化变迁的重要原因。

但在20世纪60年代,出现了后现代主义,而现代性被审视。人们对于时间与空间的看法都发生了转变:第一,时间维度逐渐变得不被人们重视,人们不再追逐美好的未来,而是更加关注当下的片刻。第二,人们不再把空间看作遵从社会目的而统一规划的结构,而是看成"某种独立自主的东西,要根据各种美学的目的和原理来塑造"。

品牌无疑是在都市中诞生与发展的,品牌文化的形成无法脱离都市文化的大环境影响,都市文化的变迁也自然而然影响到品牌文化。

4. 消费主义与视觉文化

1) 消费主义

西方哲学思想是消费主义的理论基础。东方哲学讲究天人合一,人应当顺应自然,与自然和谐相处,而西方哲学与东方哲学理念大相径庭,认为人是理性的动物,人类的使命就是以其体力和智力了解世界,进而应当征服和控制世界。人与自然的关系是一种征服与被征服、控制与被控制的关系,表现在消费领域就是无休无止的占据和挥霍物质财富。

第二次世界大战之后,西方国家经济得到快速恢复与进一步发展,社会生产力得到极大加强,物资生产出现大量剩余,尤其是凯恩斯主义通过刺激消费拉动经济的政策,使得消费主义盛行。在消费主义文化意识下,有经济能力的人群肆意挥霍、追求享乐,没有经济能力的人群也受到影响,极力追求或模仿消费主义的生活方式,以超出自身经济能力或通过压抑基本需求的方式去追求心理或观念上的消费。

消费主义不仅仅体现在物质的消费过程中,更体现在意识形态与文化含义层面。在人为的刺激下,消费者将消费等同于寻找群体认同感的方式,消费的其实不是商品和服务的使用价值,而是它们的符号象征意义。让·鲍德里亚(Jean Baudrillard)指出"消费系统并非建立于对需求和享受的迫切要求之上,而是建立于某种符号与区分的编码之上"。只有附着有符号价值的商品,才能源源不断地激起消费者的消费欲望,并使其在符号消费的过程中产生差异化的满足感。

2) 视觉文化

德国哲学家马丁·海德格尔（Martin Heidegger）于 1938 年在其著作《世界图像的时代》中指出"世界被把握为图像"。换言之，图像就是世界及其认识世界的方式，当日常生活中一切事物都被视觉化时，这个时代也就是"图像时代"了。马丁·海德格尔的论断开启了对视觉文化的研究之路。

让-弗朗索瓦·利奥塔认为，"图像"与"话语"相互区别，是人类认识与描述世界的两种差异性的方法。"话语"是基于理性的，"图像"则基于感性，而以话语为中心还是以图像为中心，也正是现代与后现代的分野。

W. J. T. 米歇尔（W. J. T. Mitchell）于 1994 年在《图像理论》中提出"图像转向"，指出一方面图像成为人们关注的焦点，另一方面也带来人文科学、文化公共领域研究途径向图像的转向。在米歇尔看来，图像包含绘画形象、光学形象、感知形象、精神形象、语言形象等，超越了视觉艺术与文化的研究范围，而是容纳了人文科学、社会科学、自然科学的视觉性内容，图像可以成为一种隐喻、一种事物，甚至一个常规语言图示。米歇尔认为，视觉文化的本质在于其建构性，即社会、历史、政治、伦理、意识形态等方面，以及其与受众之间的互动关系，决定了受众对视觉文化的理解。因此，我们不能仅仅从表面去理解视觉文化，而应当深入视觉文化表征系统的内部去研究视觉符号如何改变了现有的社会结构及社会关系。

刘伟斌、林峰等学者认为视觉文化对主流价值观形成冲击。视觉文化是一种平面化的、缺乏历史深度的文化，通过二维影像的方式呈现出来，其本质上是一种后现代文化，热衷于对信仰的消解、对主流意识形态进行解构及颠覆、对物品原有的意义进行消解和重新编码，表现出强烈的娱乐至上的色彩和日常审美肤浅化、表面化的特点。而它的这一特征又使它受到大众的欢迎，使文化开始重视大众的感官体验和话语权。视觉文化是伴随着消费主义而诞生的，因此它实质上也是一种消费主义意识形态，短视频、广告、电影等图像媒介传递着消费主义价值观，使大众忽视了商品的使用功能，而更加关注它们的符号意义，从而导致享乐主义、炫耀性消费之风盛行。

5. 文化变迁与当代文化生态

1) Z 世代

Z 世代，通常是指 1995 年至 2009 年出生的一代人，自出生起就与网络信息时代无缝对接,伴随着互联网、即时通信工具、智能移动设备成长,在价值观念、工作方式和生活风格上都无不打上数字技术或互联网的烙印,因此又被称为"互联网世代""数媒土著"。

信息时代的知识爆炸、高新技术的发展使得人们的思想观念、行为模式和社会心态都在不断变化。根据波兰社会学家齐格蒙特·鲍曼(Zygmunt Bauman)提出的"液态社会"理论,由于以全球化、信息化为标识的现代信息社会建构的是一个"不确定性""流动"的社会,既有的规则与标准都快速"液化",个体从长久稳定的共同体中解放出来,因此当代年轻人面临工作不稳定、多重身份快速切换的状态,个人的不确定感加深,时常怀有焦虑与不安感。同时,Z世代年轻人对瞬时、快速的追求超过了对连续持久的期待。

中国 Z 世代人口约 2.3 亿人,约占全国总人口的 19%,他们生活在 1949 年以来人均可支配收入最高的时代,物质的极大丰富带来的是对消费升级的需求,因而 Z 世代构成了巨大的消费市场。根据青山资本 2021 年中消费报告《Z 世代定义与特征》,可以发现 Z 世代的消费理念具有多元特质。

(1) Z 世代面临比前几代人更高的生活压力与就业压力,面对这些难以解决的压力,他们一方面以"佛系""躺平"来面对,另一方面又心存焦虑,表现得很积极。

(2) Z 世代无法从个人层面解决繁多的压力与挑战,往往面临更多心理问题,也因此较早开始养生,目前 Z 世代是中国第二大养生消费群体,有很多悦己消费、情绪消费、冲动消费行为。

(3) Z 世代极其重视网络社交,将其视作自己生活中极为重要的部分,比前代人更愿意通过社交媒介来沟通而非倾向人际交流。

(4) Z 世代有着谨慎而大胆的消费习惯。互联网使得他们在购物前能够货比 30 家,并且更信任 KOC(关键意见消费者),关注真实的用户反馈与评价,购物、刷视频前不看内容而先看评价。

(5) Z 世代重视消费体验,喜欢线上线下无缝连接的服务及体验式环境,重视与品牌之间的情感交互。

(6) Z 世代对民族和对国货拥有更强的自信。他们生活和成长在中国高速发展的时代,也见证了中国国际话语权的提升,因此他们对自己、对民族都有更强烈的自信。

2) 现代主义与后现代主义

现代主义兴起于艺术与文学领域,体现了工业革命后西方艺术家、文学家对人与社会关系的反思。

发生于 20 世纪的两次世界大战中,人类利用科技手段制造武器大规模杀伤同类的行为破碎了西方传统的自由、博爱的观念,而工业革命带来的工业化的兴起也打破了传统的人与人之间的关系,加剧了人们的紧张感,使人们之间变得疏离。由此,在 19 世纪末至 20 世纪中期兴起了具有前卫色彩的各种艺术流派和思潮,他们离经叛道,与传统文艺分道扬镳。爱德华·马奈(Édouard Manet)被称为现代主义之父,虽然他的画风很具有写实感,但他的绘画主题颠覆了写实派的保守,并且开创性地突破对自然立体感的追求,呈现出平面性的倾向。具有代表性的艺术流派包括:野兽派、抽象主义、达达主义、立体主义、构成主义等,在文学领域则有表现主义、未来主义、象征主义、意识流等,这些被统称为现代主义。

现代主义摒弃了传统文学艺术对现实的描摹、真实"反映"的创作原则,试图建立起以"表现"为中心的新规则和范式。然而,后现代主义则进一步把反传统推向极致,不仅反对旧的传统,也反对现代主义所主张的整体性、确定性、目的性和规范性,反对任何规范、模式、中心等的制约。被称为后现代主义之父的则是马塞尔·杜尚(Maecel Duchamp),杜尚在纽约独立艺术家协会举办的一次展览中,将随处可见的小便器取名为《泉》送去参展。安格尔的油画作品《泉》被公认为古典主义美的典范,而杜尚却把同样的命名赋予了"不堪入目"的小便器,彻底粉碎了传统意义的"美",更颠覆了社会默认的传统艺术形态。

彼德·科斯洛夫斯基(Peter Koslowski)在其《后现代文化》一书中指出:"后现代社会是创造性的社会,是创造文化的社会",蕴含和体现了不断求变的发展趋向。后现代主义将文化的范围无限扩大,文化可以被大量复制生产,可以被商品化、技术化、规模化,使原本高高在上的艺术成为被大众任意享用的日常消费品。后现代主义是对精英文化的放弃,媒体技术的高速发展为大众文化提供了挑战精英文化的武器,瓦解了文化精英们一直牢牢控制着的话语权。法国学者安托瓦纳·贡巴尼翁(Antoine Compagnon)在《现代性的五个悖论》中批判后现代主义是"媚俗和不良趣味的最后一个代名词,是商业对艺术的极端腐蚀"。

3）可持续发展理念

可持续发展理念是科学发展观的基本要求之一。1987 年，世界环境与发展委员会在《我们共同的未来》报告中将可持续发展定义为："既能满足当代人的需要，又不对后代人满足其需要的能力构成危害的发展。"

可持续发展理论的形成源于 20 世纪五六十年代经济增长带来的环境压力。1962 年，美国女生物学家蕾切尔·卡森（Rachel Carson）的环境科普著作《寂静的春天》，描绘了农药污染导致的环境剧烈恶化的情景，开启了世界范围的关于发展观念的激烈讨论。在我国，1997 年中国共产党第十五次全国代表大会把可持续发展战略确定为我国现代化建设中必须实施的战略。

可持续发展理念包含三个方面的基本原则：

（1）公平性原则。既包括本代人之间的横向公平，也包括代际的纵向公平，要求当代人在考虑自己的需求与消费的同时，也要对未来各代人的需求与消费负起历史的责任。

（2）持续性原则。要求人们根据可持续性的条件调整自己的生活方式，在生态可能的范围内合理利用自然资源。

（3）共同性原则。人类要共同促进自身之间、自身与自然之间的协调关系。

4）绿色设计

绿色设计，也称为可持续设计或生态设计，是指从设计到产品生产、流通到推广营销各个方面，最大限度地减少负面环境影响，促进可持续性发展。其目的是在产品或项目的整个生命周期内减少资源消耗、废物产生和环境污染。

绿色设计包含多个方面，包括材料选择、能源效率、节水、减少废弃物、生命周期评估等。

（1）材料选择：绿色设计强调使用可再生、可回收和无毒的材料。这减少了原材料的提取，最大限度地减少了废物的产生，并减少了对人类健康和环境的有害影响。

（2）能源效率：能源效率设计包括优化隔热、使用节能电器和照明，以及使用太阳能电池板或风力涡轮机等可再生能源。这减少了能源消耗和温室气体排放。

（3）节水：节水策略包括利用高效的管道设备、雨水收集系统和抗旱景观。这些措施有助于节约用水，减轻水资源压力。

（4）减少废弃物：绿色设计旨在通过实施回收、堆肥和拆卸设计等策略，最大限度地减少废物的产生。它鼓励使用耐用和可修复的产品来延长其使用寿命。

（5）生命周期评估：绿色设计师考虑产品的整个生命周期，从原材料提取到处理。进行生命周期评估有助于确定可以将环境影响降至最低的领域，例如减少能源密集型制造工艺或提高设计产品的可回收性。

通过采用绿色设计的原则和策略，我们可以创造出更可持续、更环保的产品、建筑和系统。它不仅有益于环境，还改善了人类健康，降低了运营成本，并有助于构建更可持续的未来。绿色文化意识不仅体现在产品的设计、生产、制造等方面，还包括设计师通过产品向人们传递的绿色文化意识，鼓励和倡导人们开展绿色文化活动。

5）生活碎片化

移动互联网技术的兴起给我们的生活带来了一种新的碎片化。随着智能手机和平板电脑的广泛使用，人们越来越多地使用多种设备访问互联网和消费内容，这导致了用户体验的碎片化。

这种碎片化一方面会对内容生产产生影响。用户可能更喜欢使用不同设备观看不同格式的内容，比如，他们可能会选择在家里用平板电脑看视频，但在旅途中用智能手机读文章，这就要求内容提供商需要确保其内容可访问并针对这些不同的环境进行优化。

另一方面，碎片化会给用户本身带来更为严重的影响。在信息极为丰富而人们的生活节奏加快、生活碎片化的时代，碎片化信息阅读成为多数人的一种阅读方式。但碎片化的文字信息呈现间断性特征，不容易被人知觉、记忆。当多元、跳跃的碎片化文本全面占领人们的阅读空间时，人们通过碎片化阅读得到的只是信息或知识的某一部分，而无法进行有深度的学习，更难以建构完整的信息、知识体系。

三、设计理论

1. 视觉注意力理论

视觉注意是指人在面对复杂场景时，会迅速将注意力集中在少数重要区域,并利用有限的处理能力对其优先处理。我们可以通过实验研究的方式,了解受众的注意力在视觉平面中的集中与运动方式。

心理学家关于注意力的研究由来已久。威廉·詹姆斯(William James)提出了选择性注意理论,将注意力分为"积极的"、自愿的关注与"被动的"、非自愿的注意力。积极的关注是有选择地看一件事,而被动的关注是通过某种东西反射性地捕捉注意力。并且威廉·詹姆斯给出了可能引起我们被动注意的事物清单:"奇怪的事物、移动的事物、野生动物、明亮的事物、美丽的事物、金属材质的事物、文字、暴力、鲜血等"。

美国学者彼得斯(Pieters)和维德尔(Wedel)在对 1 300 多幅平面广告和 3 600 个普通消费者的眼球跟踪数据进行了统计之后,提出了一个广告元素注意捕获和转移的概念模型(attention capture and transfer by elements of advertisements,AC‐TEA),指出影响注意力的两类决定性因素,分别是"自下而上"(bottom-up)的刺激与"自上而下"(top-down)的刺激。"自下而上"的刺激与通常所说的"广告特征"因素相一致,包括广告整体或广告中某一元素的大小、位置、颜色、亮度、形式、呈现时长等被感知的显著性特征。这些特征甚至可以在消费者未主动搜寻的状态下,就快速且自动地俘获他们的注意力,即威廉·詹姆斯所推测的突然出现在我们视野中的"奇怪的事物、移动的事物"等。"自下而上"的刺激所引发的注意捕获被称为刺激驱动捕获。刺激驱动下所捕获的注意也被称为"基于显著性"的注意,意指实验刺激(客体)越显著,被注意到的可能性就越大。有关"自下而上"因素的研究着重解决"具有什么特征的广告易于捕获注意"这一问题。

"自上而下"的刺激与通常所言指的"个体特征"因素相一致,主要存在于个体自身及其注意力加工过程中。自上而下的驱动是一种目标驱动,比如开车时注意观察前方及左右的车辆。从品牌的角度来说,"个体特征"因素包括品牌熟悉度、使用产品或服务的已有体验、搜索目的、对信息的卷入度等。有关"自上而下"因素的研究解决的是"广告易于捕获什么样的受众的注意"这一问题。

研究者发现,场景(图片)感知在基因上比文本感知要快得多。它更多地依赖于自动的、平行的、快速的、外围的和预先注意的过程,这些在注意力之外的因素为它确立了注意优先权。而文本感知的研究更多依赖于焦点注意过程,这些过程往往是自愿的、连续的、缓慢的和不费力的,因此,文本需要更多的注视才能被理解。罗斯特(Rossiter)和珀西(Percy)等学者认为,图片或插图是吸引消费者注意力的主要元素,是广告中最重要的结构元素。一般来说,图片因素在吸引注意力方面很出色,这种影响可能与图片的大小无关。

2. ROI 理论

20 世纪 60 年代的广告大师威廉·伯恩巴克(William Bernback)根据自身创作积累总结提出了 ROI(relevance originality impact)创意理论,坚持"广告是说服的艺术"的观点。ROI 理论可谓是一种实用的广告创意指南。

ROI 理论的主张是,优秀的广告必须具备三个基本特征,即关联性(relevance)、原创性(originality)、震撼力(impact),这三个特征的缩写就是 ROI。

1) 关联性

所谓关联性就是广告创意的主题必须与商品、消费者密切相关。在广告传播中,广告需要传达关于商品的有效信息。为了强调所推荐商品的特点,并生动形象地表达该商品的个性特征,广告常常需要为商品找一个关联体,把商品的某些特征通过关联体身上类似的属性反映出来。

无论多么优秀的创意都必须与商品的特性相关,离开商品谈创意往往是空中楼阁,甚至会对品牌的传播产生负面的影响。例如,有些商品明明与性感无关,却在广告中使用性感诉求,运用性感形象,其结果常常是消费者记住了性感的人物形象,却没能记住品牌。研究表明,缺乏关联性的性感诉求,在长时记忆中是有损于品牌记识的。

2) 原创性

广告创意应与众不同,其创意思维特征就是要创新求异,但这种求异思维并非一味地标新立异,而是要在有参照系的基础上进行创新性思考。新颖性是广告创作的一个根本要求,以区别于其他产品的广告,要突破常规的禁锢,善于寻找诉求的突破。

詹姆斯·韦伯·扬(James Webb Young)在《产生创意的方法》中对于创意的解释,在广告界得到比较普遍的认同,即创意完全是各种要素的重新组合。广告中的创意,常是有着生活与事件中"一般知识(丰富的生活阅历)"的人士,对来自产品的"特定知识(产品的独特利益点)"加以新组合的结果。

　　一只狗叼着骨头在广场上奔跑,引来众人围观,原因是它叼着一根巨大的骨头。狗喜欢啃骨头是生活中的"一般知识",而"什么动物的骨头这么巨大"则是来自产品——史前动物的骨骼——的"特定知识"。狗与这么巨大的骨头原本毫不相关,因为狗与恐龙等史前生物不生活在同一个时代,恐龙的骨骼早已变成化石(被收藏在自然历史博物馆),因此它从来没有机会品尝这么巨大的骨头;而即便二者出现在同一时期,狗也只会被捕食。但广告巧妙地忽视了历史事实,让"一般知识"与"特定知识"嫁接在一起,引发观众的好奇心。最终了解到这是自然历史博物馆的广告(见图2-6)。

图2-6　自然历史博物馆广告

3) 震撼力

　　震撼力是指广告作品在瞬间引起受众注意并在其心灵深处产生震动的能力。震撼既包括主题给予的震撼,也有画面带来的冲击力,与注意力的"自上而下"和"自下而上"的加工机制相关。

　　通常来说,广告主题要给受众带来思想上的冲击和震撼,需要提供新的信息或观点,大幅度地扭转受众对某议题的看法和态度。例如,几年前当世人都在讨论海洋垃圾对环境本身的危害时,突然得知这些被抛入海洋的塑料制品,在海浪的震荡下会被分解为塑料微粒,并随着食物链进入海洋鱼类的体内,有关机构又在人类的母乳中检测出了塑料微粒。这样的信息在当时极大地冲击了人们对于海洋垃圾的看法,将海洋垃圾的危害等级在人们心目中推高,于是在之后数年的公益宣传中不断会看到关于保护海洋的信息诉求。

视觉上的震撼可以通过具有冲击力的画面来实现,如同好莱坞大片一样的宏大场面、精致的画面细节、独特的设计构思、陌生的视觉表达都能带来震撼感。一则广告中,观众可以同时看到一个人的正脸与两侧脸,就像是把一张完整的脸摊平了给人看。这种情况下的人脸与正常视角下的人物样貌截然不同,让人感到震惊。但当观者顺着画中人物的视线看向画面上方时,会发现一个摄像头,配合着写在旁边的广告语"360°监控",立刻就能明了设计者的用意(见图2-7)。

图2-7　三星360°摄像头广告

但有时视觉的震撼偏偏出现在人们熟视无睹的场景中,微微调整了一点点因素,使画面的存在令人感到不可思议,而细细思之又觉得画面对广告主题的解题思路独辟蹊径,妙至毫巅。一组戛纳广告节获奖广告中,流浪汉倒在路边的水泥地面上,这原本是一个平常不过的场景,但画面中的地面如同沼泽一样化开,流浪汉的腿脚、物品,甚至是陪伴在身边的狗都已陷入地面。无论是躺在路边的人,还是陷入沼泽的人都是具有合理性的存在,而将二者合二为一却呈现出不合理的画面,引起观者心灵上的震撼,同时引发观者对于广告议题的思考(见图2-8)。

图 2-8　"离开街头"主题公益广告

　　关联性、原创性、震撼力是优秀广告创意的根本。针对消费者需要的"关联"并不难,有关联但点子新奇也容易办到,然而同时实现这三者的完美结合却是个高要求,这就必须建立在深刻了解消费者、了解市场、清楚产品的特点及明确商品定位的基础之上。概括起来说,真正实现 ROI 理论提出的关联性、原创性和震撼力三个原则,需要明确以下五个方面的内容:①设计目的;②受众;③产品核心竞争力;④品牌个性;⑤媒介。

第三章　品牌文化传播的外部环境

一、品牌文化传播的环境分析

"燕舞,燕舞,一曲歌来一片情。"

当听到这一段歌曲旋律时,20 世纪 80 年代以前出生的人多半会想起那个抱着吉他边弹边跳的广告人物形象。在 80 年代,电视广告对大多数人来说完全是新鲜事物,燕舞收录机在中央电视台投入 40 万元播出广告,以这样一个新潮的形象迅速风靡了全社会。在当时的国人心目中,燕舞就是时尚与潮流的代名词,公司业绩也大幅度上涨(见图 3-1)。

图 3-1　燕舞收录机电视广告

时至今日,任何一家公司再想以一则广告达到这样的效果几乎是不可能的。这是因为品牌传播的环境近年来发生了巨大变化,具体表现在行业内部竞争激烈、媒体投放成本与收益变化、媒体种类多元化、品牌传播意愿发生变化等几个方面。

1. 行业内部竞争加大

"无奸不商"这句话对吗？如果你生活在市场经济开放的初期，你肯定会对这句话深有体会。处在无序竞争中的商家们总会想尽办法牟利，假货劣货层出不穷，纸做的"皮鞋"、竹子代替钢筋、苏丹红和三聚氰胺等有关新闻不断冒出，让消费者防不胜防。然而，这句话的原形"无尖不商"含义则与之大相径庭，指旧时买米以升斗作量器，卖家在量米时会以一把尺子削平升斗内隆起的米，以保证分量准足。钱货两讫之后，一些老派的卖家会再添加一点米以示让利，添加出来的米在升斗中会突出一个尖。这种让利的小恩小惠却往往非常有用，让消费者心理上比较受用，从而下次再来买米。久而久之，这种情况成为一句典故"无尖不商"，但是在市场不景气的情况下变了味，变成"无奸不商"的说法。

事实上，在规范的市场环境中，如果你深入观察消费品市场的话，会发现大多数企业是真心地希望自身的产品变得更好，对消费者更有价值。当然，产品对消费者有价值，消费者才更愿意付出他们的金钱，这是对双方都有利的事情，因此企业才有动力提升产品品质。企业将其称为"产品升级"。扬米·穆恩（Youngme Moon）在其《哈佛最受欢迎的营销课——如何打造脱颖而出的品牌》中将这种产品升级归纳为两条途径：加法升级和乘法升级。

加法升级是在原产品的基础之上提升产品的品质，或是增加新的功能，使其更能满足消费者的需求。比如说手机原来只能打电话和收发短信，但是后来增加了拍照、上网、玩游戏的功能，现在还可以移动支付、观看直播，乃至扫码验证身份。一部手机集成了电话、相机、钱包、身份证等多种功能，变得越来越有价值。小偷几乎再也没有作案的机会了，因为钱都在手机里，而手机时时刻刻被拿在手里、看在眼里。

乘法升级是在原产品之外另行开发出来新的产品，以补足原产品忽视的细分市场，为消费者提供更多样的选择。笔者小时候吃的饼干是钙奶饼干（一种像现在普通名片大小的具有奶香味的饼干），觉得它非常美味，甚至一度以为饼干只有这一种口味，遇到吃零食的机会就会毫不犹豫地选择钙奶饼干，当然也没有更多其他的选择，那种黑白牛奶纹的包装让我至今难忘。现在带孩子去超市让他们自行选择，他们还会盯住一种零食不变吗？孩子们忠诚的是"零食"这个区别于主食的品类，甚至不是饼干、巧克力或者薯片等某一类产品,更不用说忠诚于某个品牌了。在眼花缭乱的彩色包装中,有旺旺的大眼睛小人、乐天小熊饼干的动物,或是奥利奥的黑白配……孩子们当然是看到哪个抓哪个了。

产品升级的结果是,市面上充斥着各种各样的商品,琳琅满目,让人眼花缭乱。太多品牌、太多产品类别为消费者提供了过多的选择,反过来也会阻碍品牌忠诚。你熟悉的手机品牌有哪些? 苹果、华为、VIVO、荣耀、小米……你知道小米手机有多少机型吗? 出现在小米官网上的机型有 24 种(见图 3-2),尽管小米公司成立至今不足 14 年,但这仍然不是它全部的手机产品;三星官网上展示了 4 个系列 21 种智能手机,不包含旧的型号;在 VIVO 官网可以看到 7 个系列共 85 种不同型号和性能的智能手机。行业内部的激励竞争使消费者变得"只见森林,不见树木"。

图 3-2　小米官网手机页面

2. 媒体投放成本与收益变化

燕舞能够在中央电视台以一年 40 万元的广告费做到行业垄断式播放,使它的品牌在一夜之间家喻户晓,而如今这些费用尚不够在黄金时段再次播放当时的广告 1 次(30 秒)。从中央电视台广告一级代理公司中视海澜的官网可以看到,晚间新闻周日 15 秒广告的收费是 21.5 万元,如果是 30 秒的话就需要 43 万元。虽然实际媒介购买操作不同于简单的算术题,但从中可以看出广告媒体费用的巨大变化。

20 世纪 90 年代,中央电视台广告信息部为解决走后门争抢央视黄金时段广告位的问题,将黄金时段广告拿出来招标以杜绝不正当竞争。从 1994 年到 2013 年,招标会总额一路水涨船高,增长幅度连续多年超过中国 GDP 的增长率,央视招标由此被称为"中国经济风向标""中国经济晴雨表"。央视招标收入的提高也意味着企业付出成本的提高,当然如果这些付出都有足够的回报,企业仍是争先恐后的。1994 年中央电视台首届"标王"孔府宴酒,以 3 079 万元的价格,让自己一夜之间变成家喻户晓的明星,当年销售收入猛增 7.48 亿元,实现利税 3.8 亿元,在鼎盛时期年销售额达到 10 亿元。

宝洁公司是第一家夺得央视标王的国际品牌,从 2005 年至 2007 年的 3 年间,分别以 3.8 亿元、3.94 亿元和 4.2 亿元连续拿下央视标王的宝座。被誉为"品牌教父"的宝洁公司,其媒介策略在品牌战略中具有非常重要的地位。按照宝洁的"媒介货架理论",媒体是展示其产品的一个大货架,就像家乐福、沃尔玛这样的商超一样,如果能够在这样的货架上拿到十分抢眼的位置,很有可能会使消费者特别关注和青睐其产品。中央电视台对于宝洁的价值,更多体现在整合市场营销回报的价值上。在中央电视台获得标王的位置,等于压制性占据高端媒体资源,中央电视台对于品牌的权威性和美誉度的培养往往是其他媒体无法取代的,可以更有效地提升品牌对全国消费者的吸引力(见表 3-1)。

表 3-1　中央电视台历届标王与中标价

年份	品牌	中标金额/亿元
1995	孔府宴酒	0.31
1996	秦池酒	0.67
1997	秦池酒	3.20
1998	爱多 VCD	2.10
2000	步步高	1.26
2001	娃哈哈	0.22
2002	娃哈哈	0.20
2003	熊猫手机	1.08
2004	蒙牛	3.10
2005	宝洁	3.80
2006	宝洁	3.94
2007	宝洁	4.20
2008	伊利	3.78

（续表）

年份	品牌	中标金额/亿元
2009	纳爱斯	3.05
2010	蒙牛	2.04
2011	蒙牛	2.31
2012	茅台	4.43

注：数据源于中央电视台网站 www.cctvad.org。

　　但并不是说夺得标王、在全国人民面前增加了曝光率就一定能够获得长久的成功，只有好的产品才能支撑起一个著名的品牌，否则只会加速它的倒下。为了应对快速增长的销售量，孔府宴酒投入5000万元建造了2座新厂房，并在各地投下大量营销费用，但白酒销售的钱并没有多少用于产品品质的提升，最终因经营不善而破产被拍卖。夺得第二届央视竞标会标王的是秦池酒厂，1996年以6666万元投得标王，1996年实现销售收入9.5亿元，利税2.2亿元，分别比上一年增加了4倍和5倍。利润的暴涨显然使企业失去了理性，1997年秦池再次以3.2亿元夺得标王，并定下了15亿的预期销售目标。然而，秦池酒厂的规模根本无法生产如此庞大数量的白酒，竟通过造假、勾兑的方式欺瞒消费者，最终在2年后倒闭。同样顶着标王的光环倒下的还有爱多VCD和熊猫手机，如今两家企业均已消失无踪。

　　后来各大卫视综艺节目瓜分收视率，互联网技术的发展也使得网络媒体风生水起，央视的广告资源不再是唯一的"香饽饽"。2013年，百度以319.44亿元收入取代央视成为国内收入最多的媒体，接下来的几年央视招标会就没有了往日的热闹，收入锐减。央视也在另寻出路，思考如何将平台的价值最大化。2017年，央视推出"国家品牌计划"，火爆了20多年的招标会完成了历史使命。从第一届投标会时的3079万元，到最高峰时期2012年茅台酒以4.43亿元夺得标王，再到2017年落幕，中央电视台标王的起落只是中国媒体发展的一个缩影，但它为我们揭开了媒体多元化发展的大幕一角。

3. 媒体环境发生变化

　　你有多长时间没有和家人围坐在一起看电视了？电视机曾经在家庭之中居于核心地位，每天吃过晚饭后，一家人的全部娱乐就是看电视，孩子们第二天到学校里最热衷的也是和同学讨论电视中喜爱的角色,连家庭装修中非常重要的一个位置就是电视墙或电视柜。如果在 2010 年左右问到人们最讨厌的是什么,大概率是电视广告,它总是在人们全情投入的时候突然不合时宜地插播进来,而且没完没了,随时打断人们随着电视剧情澎湃的情感。在电视广告最疯狂的时期,一集 45 分钟的电视剧中插播的广告时间甚至会超过 15 分钟。直到 2011 年,国家广电总局出台了一系列规定,限制了电视剧中插播广告的时间、长度和类型,大家称其为"限广令",从而结束了这一电视广告乱象。

随着互联网媒体的兴起,电视媒体逐渐边缘化,智能手机更是进一步夺走了用户的关注。一家人一起看电视的场景似乎悄然消失了,每个人都抱着一个小屏幕沉浸在自己的世界中。以前过年的时候一起看中央电视台春节联欢会是重头戏,许多人提前一个多月就开始关注谁是本届春晚主持人,哪些节目入选或落选春晚。但现在,可能电视上播放的还是春晚,但每个人的眼睛更多地盯在手中的小屏幕上。2023 年央视春晚收视率由 20 年前的 41.6% 下降到 21.93%,而同时期由哔哩哔哩(B 站)主办的跨年晚会《"2022 最美的夜"bilibili 晚会》直播峰值达 3.3 亿,成为当代年轻人跨年娱乐消遣的主要选择之一。

根据 QuestMobile 披露的《2022 中国移动互联网半年大报告》,截至 2022 年 6 月,中国移动互联网月活用户规模为 11.9 亿人,用户使用时长也持续增长,从早上 6 点到晚上 10 点均维持在高位。截至 2022 年 6 月,微信视频号月活规模突破 8 亿人,抖音为 6.8 亿人,快手 3.9 亿人。而移动社交、移动购物、系统工具、金融理财、出行服务及移动视频六大行业的用户规模均超 10 亿人。

2021 年,社会上还在为如何解决青少年沉迷游戏的问题大伤脑筋,到了 2022 年这个问题突然就得到解决了。2022 年 11 月,中国音数协游戏工委等单位共同发布了《2022 中国游戏产业未成年人保护进展报告》,报告称未成年人的沉迷游戏问题已经基本解决,75% 的未成年人每周游戏时长在三小时以内。这是一个好消息,但还伴随着另一个让人忧心的现状:约 65% 未成年人沉迷短视频平台。与游戏相比,短视频更能侵占用户的碎片化时间,在提供内容消费的同时,还展现出强大的带货功能,通过简短的视频在各大短视频平台上发布,以有吸引力的短视频内容来引导有需求的网民去消费,从而获得收入。

与短视频同样异军突起的是直播带货,在平台上开通直播权限和产品橱窗权限,让消费者快速了解所销售的产品,再通过直播不断和用户互动并讲解产品。带货主播通过自身形象、表现力、亲和力和带货话术技巧,引导用户下单购买产品。头部带货主播的强大销售能力远远超过大型商场。

在新媒体时代,媒体"去中心化"现象日益凸显。企业或个人可以通过微信公众号、微信朋友圈、微博等随时发布信息、发表观点,打破了媒体刊发版面、播出时段的界限。"内容为王"的传统媒体不敌"眼球经济",传统媒体的竞争优势受到严重挤压,报纸、电视、电台的影响力不断下降,而新媒体、自媒体生产的大量信息对用户产生越来越重要的影响。

一方面,随着 Web 3.0 概念的强势崛起,元宇宙、NFT(非同质化代币)等成为市场关注的热点,以去中心化为核心理念的 Web 3.0,将生产和所有权交还给参与生态、使用平台的用户,未来每位用户都将是参与经营互联网环境的缔造者。从深远的意义而言,这种新的互联网生态必将引发营销领域的革命。广告界的一句名言"我知道我的广告费有一半被浪费了,但是我不知道是哪一半",这种情况在未来将被改写。在 Web 3.0 世界中,个人将拥有并控制自己的身份数据,与品牌越来越多地直连,品牌可以通过加密钱包中的身份数据,如年龄、性别、种族、收入等,直接将广告投放给目标消费者。

另一方面,机器学习、机器视觉、自然语言处理等技术的发展,使人工智能迎来爆发式增长,并给媒介内容生产与平台广告投放带来颠覆式的变化。首先,大数据的智能化市场细分与消费者身份识别促进消费者画像的生成,机器视觉识别为视频内容更准确地添加标签,可以帮助广告精准投放。其次,人工智能技术也提升了广告用户体验,自然语言处理技术的发展使智能语音成为人与计算机互动的一个主要界面,原生广告、增强现实、虚拟现实技术也丰富了广告受众的体验。再次,人工智能将改变广告创意与内容生产模式。2022 年 11月 OpenAI 推出的人工智能聊天程序 ChatGPT,甚至被比尔盖茨认为是一种将引发思维革命的超级工具,不亚于计算机和互联网的诞生。它将改变人类思考和处理问题的方式,并由此重塑世界。

4. 品牌的传播意愿变化

20 世纪早期,传播学者信奉枪弹理论(又称强效果理论、魔弹论、一致论),认为受众就像是射击场的靶子,被动地等待大众媒介所发出的子弹的射击。在整个传播过程中,受众仅能消极、被动地接受媒介所灌输的观点、知识等。当然,后来人们发现并非如此,受众也有自己的选择与判断,并非一味地接受,同时他们还具有反馈能力,能够将作用结果反馈给传播者,形成互动。

自 20 世纪 40 年代起,大众传播效果研究进入第二阶段——"有限效果论"时期。保罗·拉扎斯菲尔德(Paul Lazarsfeld)、伯纳德·贝雷尔森(Bernard Berelson)等人提出了"两级传播理论",这是因为他们发现了"意见领袖"在传播中的重要作用。意见领袖们往往是某一领域的专家,在媒体与公众之间起到联通作用。他们人数不多,但对公众的意见、态度产生重要影响。两级传播的模式,将大众传播与人际传播结合起来,且其中人际网络的影响力要大于媒介渠道。

后来研究者又发现,信息的流动与态度、行为的改变并不一致,可以区分为信息流与影响流。美国学者埃弗雷特·M. 罗杰斯(Everett M. Rogers)提出"创新扩散理论",将个人接受新型信息的过程划分为 5 个阶段:①获知阶段;②关心阶段;③评价阶段;④试用阶段;⑤采用阶段。在了解(获知、关心)阶段,大众传播的效果更大,而在劝服(评价、试用、采用)阶段,人际传播的作用更大。罗杰斯进一步把创新扩散过程中的采用者分为 5 个类型:①革新者;②初期采用者;③前期追随者;④后期追随者;⑤迟钝者。其中的初期采用者(意见领袖)对营销来说是最重要的一群人,他们愿意率先采用新技术、新产品,并且愿意把对于产品的观点通过人际传播分享给其他人(见图 3 - 3)。

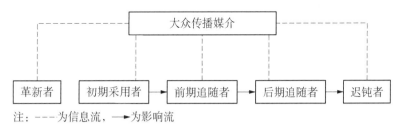

注:- - -为信息流,——为影响流

图 3 - 3 信息和影响的流程(来源于《传播学原理》,张国良)

20 世纪 80 年代,广告学界从品牌管理角度提出品牌资产的概念。美国市场营销科学研究院在 1990 年将品牌资产定义为"品牌的顾客、渠道成员、母公司等对于品牌的联想和行为,这些联想和行为使得产品可以获得比在没有品牌名称的条件下更多的销售额或利润,从而赋予品牌超过竞争者的强大、持久和差别化的竞争优势"。美国品牌理论专家布莱克斯顿认为，品牌发展的过程是品牌与消费者之间不断沟通与关系发展的过程。品牌由客观品牌和主观品牌共同构成，客观品牌是品牌本身所具有的属性与特征，相对独立于消费者的感受和认知；而主观品牌是从消费者的角度来理解品牌。品牌关系可以从品牌知晓、品牌知名、品牌美誉和品牌忠诚等四个方面相互关系的建立与发展中得以体现。莫尼兹(Muniz)和奥尼恩(O'Guinn)等人将品牌与消费者之间的互动关系扩展到品牌—品牌、品牌—消费者、消费者—消费者的关系，形成品牌社区的概念。詹姆斯·H.亚历山大(James H. Alexander)认为，品牌社区内在于消费者的经验之中，而不依附于品牌，并进一步以消费者为中心提出了品牌社区模型。在此模型中，不难看出焦点消费者(即意见领袖)在整个品牌传播中的重要作用，他们在整个传播社区中处于枢纽地位，不仅将对于品牌的感受、态度传递给其他消费者，还将消费者的观点反馈给品牌和营销者，并促进产品的改进(见图3-4)。

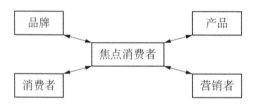

图3-4　詹姆斯·H.亚历山大(2002)的品牌社区模型

以上关于大众媒介的品牌传播效果研究的变化，反映在品牌营销策略上，即体现为品牌拥有更强烈的愿望与消费者直接互动，而不是单纯依靠在大众媒体发布广告来劝诱消费者的单向广告形式。具有交互性的媒体技术的发展显然进一步促进了这种情况的发展。除了前面所提到的精准广告投放和直播带货等形式外，一些带有交互性的新媒体广告也越来越受到品牌的青睐。

Milka巧克力品牌在与消费者的互动方面花了不少心思，巧妙地使消费者通过收获、分享等心理获得愉悦感，从而增加与消费者的交互。其在阿根廷的售卖机通过消费者之间合作互动的方式，既让消费者得到实惠与乐趣，又增强了消费者对于品牌的印象，形成可供传播的故事，有效提升了消费者对于品牌的好感度，增强了消费者黏性。在此案例中，如果消费者同时触摸售卖机按钮与售卖机前方的奶牛前蹄,即可获得免费的巧克力。每次赠送之后,奶牛就会后退一定距离,想得到赠送的巧克力需要找来更多的人一起参与互动。在互动的过程中,人与人之间的关系被拉近,消费者与品牌之间的关系也变得更为紧密(见图 3 - 5)。

图 3 - 5　Milka 巧克力互动广告

　　Milka 巧克力的另一个案例,是"缺一块"的巧克力营销。在上一个案例中,Milka 让消费者通过互动免费获得巧克力从而收获"得到"的快乐,在这个案例中则通过让消费者"分享"来获得快乐。在生产过程中将画好格子的一板巧克力中的一格空缺,缺少的那一格巧克力会被单独包装,由购买者决定谁将得到它。购买者可以登录 Milka 巧克力官方网站,填写收件人地址并写下一段话,Milka 公司就会将那块独立包装的小巧克力寄给收件人(见图 3 - 6)。在这个营销活动中,购买者首先承担了"损失",因此一定想把它拿回来,从而也就有了行动(登录 Milka 网站)的动力。但当他们得知缺失的那块巧克力可以被寄给其他人时,"分享"的心理又会占了上风。仅仅是一小块巧克力,损失不大又不用额外花钱,也不会觉得尴尬,因为这是经销商的行为,不是购买者小气。以一点点的代价联系了你想建立连接的人,惠而不费,绝大多数消费者不会拒绝,并且有可能购买超出实际需要的数量,因为这是一个具有吸引力的营销活动,购买者与品牌实现双赢。

图 3-6　Milka 巧克力互动广告

另一方面，被单独寄送的巧克力伴随着购买者写的传递情感的话语，会让接受礼物的人心情愉悦，由于光晕效应而对品牌产生良好的印象。随同巧克力寄送的还有 Milka 巧克力的品牌信息和一些简单的宣传，这些都增加了消费者的品牌接触。并且，这些接触不同于无目的地散发广告传单，一般会使受众的心理卷入程度相当高，对信息的关注度与接纳程度也更高。

二、品牌文化传播的消费者分析

1. 消费者市场细分

1）社会人口统计学特征

营销学界用一些指标对消费者进行分类，以使其营销活动更有针对性。社会人口统计学特征是其中非常重要的指标,比如:人口总数、性别、年龄、健康状况、职业、婚姻、文化水平、收入等。

(1)性别。不同性别的消费者在态度和行为上存在差异,其原因一部分是遗传的作用,还有一部分是社会化的作用。研究表明,女性一般会主动接触产品信息,而男性往往表现得更加被动。在有些文化中(如美国、英国文化),女性在消费和购买行为中占据主导地位,影响着超过80%的购买决策。

媒体与产业均意识到男性与女性在消费行为中的差异,并有针对性地开发出更细分化的产品以适应不同消费者的需求。

(2)年龄。通常可以将消费人群按照年龄划分为:婴儿、儿童、青少年、中年、老年等,但还可以在此基础上继续细化。不同年龄段的消费者由于身体机能及人生经验的不同,在消费倾向与行为上会表现出明显差异。

年龄包括生理年龄与心理年龄两个变量,有时候它们会使产品线在年龄群体上的定位变得模糊。

(3)职业。职业往往对消费者产生显著的社会化影响,将消费者纳入不同的圈层,并在个人的服饰、汽车、休闲活动和阅读习惯等方面的偏好上发挥影响。

(4)受教育程度。受教育程度对消费者行为习惯的影响主要表现在对信息的接触、理解、判断等方面。高教育水平的人群通常具有更广泛的信息接触面,会倾向于做出自己的理解和判断。此外,高教育水平的人群对信息操纵有着较为明显的逆反心理,因此双面诉求有时会比一味的单向诉求更为有效。

(5)收入水平。在汽车、服装、旅游、化妆品、金融服务等领域,收入水平是比较常用的细分方法。针对目标市场收入水平的不同,企业会制定差异化的营销策略。低收入水平的消费者对价格较为敏感,少量提价都有可能带来消费的转移。但在某些情况下,低收入水平市场竞争压力更小,或者具有更高的消费者忠诚度。在高收入水平市场,"撇脂"定价策略往往能够获得成功。

2) 社会心理

心理细分是根据购买者的心理、个性特质、生活方式或价值观,将其划分为不同的群体。即使具有相同人口统计特征,群体成员在心理特征上也可能存在很大差异。斯坦福咨询研究所提出的"价值观念和生活态度(VALS)框架",从消费者动机和消费者资源两个维度将消费者细分为8个群体(见图3-7)。

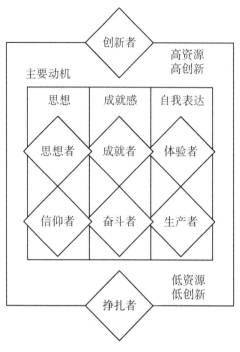

图 3-7   VALS 框架

消费者受到的三种动机影响分别为:思想、成就感和自我表达。以思想为主要动机的人会以知识和原理为指导;以成就感为动机的人重视获得产品和服务;以自我表达为动机的人一般热衷于社交活动,追求多样化和冒险。

拥有较多资源的 4 个群体为:

(1) 创新者:成功、积极、自尊心强、久经世故。这样的人群通常偏好质优价高的产品或服务。

(2) 思想者:以理想为动机,看重秩序、知识、责任感。他们往往青睐耐用、功能性强的产品。

(3) 成就者:成功,关注工作和家庭,以目标为导向。他们喜欢能够在他人面前展示成功的"撇脂"产品。

(4) 体验者:年轻、热情、冲动,追求多样化和刺激。这样的人群喜欢时尚、娱乐和社交。

拥有较少资源的 4 个群体分别为:

(1) 信仰者:拥有信念,保守,遵从习俗和传统。这样的消费者对知名产品的忠诚度比较高。

（2）奋斗者：喜爱流行式样、有趣的东西。他们喜欢时尚流行的产品,会去模仿富人群体的购买行为。

（3）生产者：讲求实用、实际,自给自足。这样的人群喜欢实用性、功能性强的产品。

（4）挣扎者：一般是老年人,不喜欢变化,品牌忠诚度较高。

需要说明的是,VALS 的心理框架是以美国成年人为样本进行调研分析的,放到其他文化中可能会存在偏差。

3）消费者行为

产品的使用者与购买者之间并不能完全画等号。有些产品的使用者就是它的购买者,比如剃须刀、丝袜等;但有些产品的使用者往往不是它们的购买者,比如婴儿用品。因而研究人员依据购买者对产品的了解程度、态度及使用情况等对其进行分类。

对于人们在产品的购买流程中所处的位置(决策角色),可将消费者细分为:发起者、影响者、决定者、购买者、使用者。这些身份可以由不同的人承担,也可以由一个人完成。

在消费的行为变量方面,研究者提出了 7 个细化的项目:时机、利益、使用者情况、使用率、购买者准备阶段、忠诚状况、态度。

然而,以上人口统计学的分类方法在互联网时代遭到质疑。婴儿潮一代、Y 世代这样的称谓是大众媒体为了简化销售流程,根据自身为民众定制的名称,从而将他们划分到不同的人口组别,但这样的分类是否真的能代表这一人群呢? 史蒂夫·萨马蒂诺(Steve Sammartino)在其《碎片化时代——重新定义互联网＋商业新常态》中指出:"他们(大众媒体)在相同时间中播放着相同的节目。他们之所以为某个群体播放相同的广告,是因为他们认为这些产品适合这类人购买……有限的选择造就了不同的人口分类,而非由不同的态度和期望形成人口的不同分类。"互联网颠覆了传统的营销与市场细分模式。

2. 碎片化的互联网社会

互联网并没有让人们的生活变得碎片化,而是快节奏的生活导致了这一情况。新的千禧年到来时,人们刚刚开始会网上冲浪不久,还需要通过电话线拨号上网。那时的网速非常慢,电脑也是两个笨重的箱子(屏幕和主机),上网是一件耗时的事情,必须要有一个相对较为完整的时间段才能在网络中找到一些有用的内容。

互联网扩大了人们的连接范围,使广袤的星球变成了地球村,使生活节奏变得越来越快,人们甚至不需要见面就可以完成一个项目的洽谈、委托、实施与交付工作。随着生活与工作节奏变快,人们不得不把一些细碎的时间利用起来去工作、学习、娱乐、社交等,而移动互联网的兴起使得人们能够利用碎片化时间互通互联。所以我们会在乘坐地铁、餐厅等位、排队购物付费时,甚至是与人聊天时不停刷手机,接收信息也发送信息,不让自己的大脑放空。在公共场所,我们已经很难见到有人捧着一本书认真阅读,因此难以体会到那种岁月静好的美。

人的注意力是有限的,不可能时时刻刻关注身边所有的信息。当人们将注意力集中在手机上时,对身边来自其他信源的信息难免就忽视了。假如说你刚刚错过了一班地铁,离下一趟地铁还有 5 分钟,你会做以下哪件事?

(1)刷刷手机,看一下朋友圈。

(2)找个地方坐一下,休息一会。

(3)思考一下日常需做的事,比如下一顿饭吃什么。

(4)随便走走,正好欣赏一下地铁广告。

笔者多次在课堂中问学生这个问题,90%左右的学生会选择 A 选项。研究发现,每秒钟有 1 400 万条信息进入人眼中,但只有不到 30 条会引起人们的注意,大部分信息被视为"背景"。根据伦纳德·泰尔米(Leonard Talmy)于1996 年提出的注意力视窗理论,可以对一个连贯场景中的某一部分进行明显提及而将该部分置于注意力的前景位置,并将该场景中的剩余部分置于注意力的背景位置。

正如麦迪逊大道的独行者——霍华德·拉克·哥萨奇(Howard Luck Gossage)所说,"没有人会去阅读广告,人们只阅读他们感兴趣的东西,有时那会是一则广告"。在现代社会,品牌若想让消费者注意到自己的信息,就必须能够引起消费者的充分注意,让消费者意识到品牌能为其带来切实的利益——无论是功用方面,还是心理体验方面,或是个人的自我价值实现方面。在安东尼·塔斯加尔(Anthony Tasgal)看来,信息一定要能够为消费者带来"惊喜",

"在与他人交流'信息'时，无论是演讲、会议，还是聊天，想得到他人的回应，我们就需要确保他人能从我们的信息中获得尽可能多的惊喜。如果只是一味倾泻毫无惊喜价值的信息，只不过重申了别人已知的信息，这毫无意义"。

然而，在互联网时代，获取能带给人"惊喜"的信息变得越来越困难了。人们通过网络能接触到海量信息，拥有更多选择的同时也越来越难以感受到惊喜。即使存在一些独特且具有惊喜价值的信息，它们也很快被信息大潮所淹没。

史蒂夫·萨马蒂诺指出，互联网时代人们关注的事物是由社会图与兴趣图共同构建的。社会图是指人们通过互联网方式建立起来的人际关系网络，并借助虚拟连接来保持联系。兴趣图是人们真正感兴趣的事，通过在线得以呈现出来，这基于价值观及喜好行为之上。史蒂夫·萨马蒂诺在其《碎片化时代——重新定义互联网＋商业新常态》中提到，以后应当以社会图与兴趣图作为消费者市场细分的重要标准。因为社会图与兴趣图的交会，不仅影响着社会群体，甚至还会重新定义城市，导致城市文化变得同质化。以往，城市的形象是由其地理位置、历史及地方特色共同形成的，每个城市都拥有其独特的、地域性的亚文化，当你去一个城市旅游时，你可以感受到许许多多的差异与惊喜。而在全球化与网络社会的影响下，人与媒体的因素正在极大程度上改变这一情况，导致一个城市可以与另一个遥远的城市拥有相近的亚文化人群，"纽约、上海和华沙比历史上任何一个时期都更为相像"（见图3-8）。

3. 消费时代与新消费

消费是人们日常生活中不可或缺的一环。随着科技的不断发展，人们的消费方式和消费观念也在不断变化。法国社会学家及哲学家让·鲍德里亚（Jean Baudrillard）在其《消费社会》一书中提出：在消费社会中，人们消费的已经不再是物品的价值本身，而是"符号消费"，即人们越来越多地消费的是物品背后所代表的身份、地位、品位、阶层等。人们在生产出各类商品时，会根据其产地、成本、品质等给它们定价，并赋予它们特定的属性。

消费主义盛行是当今社会的一种普遍现象。其特征是过度关注获取物质商品和服务，以此作为满足个人欲望和愿望的手段，并将获得的物质视作代表个人成功和幸福的符号。这些文化符号往往反映了消费者内心的欲望。例如，

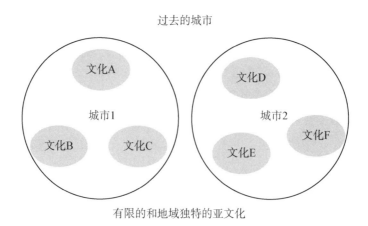

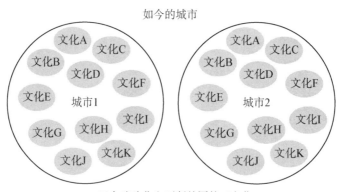

图 3-8　城市内部的碎片化进化情况

消费者购买奢侈箱包并非需要箱包的功能性,而是渴望拥有这些箱包背后的价值意义——名望、品位、地位等。

消费主义的概念始于第二次世界大战后,并随着现代媒介的扩张发展而壮大。英国传播学者格雷厄姆·默多克(Graham Murdock)长期从事大众传播与政治经济学研究,他提出 20 世纪 50 年代后期,一个新的消费时代与商业电视、现代传媒同步诞生。当人们看着新媒介带来的铺天盖地的商业广告时,新的消费体系也逐步成型了。默多克关注到了消费社会、消费体系的形成与媒体、广告之间的共生关系。电视媒介所传播的图像化的符号不仅仅是这个共生体的媒介,也是其内容本身,它不仅是消费的对象所在,还是群体的价值指向。

媒介的信息化让个体无时无刻不处于个性化数据的轰炸之中,消费者不断受到鼓励他们消费的信息的轰炸。无论是无处不在的广告,还是朋友圈的"凡尔赛",似乎时时刻刻都在提醒着消费者:别人过着更美好的生活!无论是可口又有营养的美味佳肴,还是亮丽的时装、减压放松的温泉 SPA、昂贵的跑车、一场说走就走的旅行或者是健康年轻的体魄,总有一款是你渴望而无法拥有的。此外,科技所带来的现代支付环境的多样性、支付方式的便利性让线上交易、透支消费等手段非常易得,于是消费的痛感被削弱,快感被放大,让个体在无意识中进行了冲动消费、过度消费等不健康的消费行为。

4. 难以满足的消费者

在物品的符号指向下,消费者也被划分成不同的等级。托斯丹·B. 凡勃伦(Thorstein B. Veblen)在《有闲阶级论》中指出,人类社会古往今来一直存在两个基本的人性:一是对生产性体力劳动的鄙夷,二是攀比炫耀的欲望。而凡勃伦笔下的"有闲阶级"正是不需要体力劳动却资产富有,生活以休闲为主,处处显摆阔气的阶级。"凡勃伦效应"指出,消费者对一种商品的需求程度因其标价较高而不是较低而增加,对于价格越高的商品,消费者反而越愿意购买。当代消费者想要成为"有闲阶级"的欲望让资本家有机可乘,资本家通过消费品背后的符号意义划分社会阶层,为人们制造出对高于自己消费能力的商品或原本不需要的商品的需求,并想方设法加速消费品的消耗,从而让人们陷入消费主义陷阱:急于摆脱身份焦虑,处于追求更多非必需产品的狂热状态。由此又进一步增加了攀比消费、炫耀消费的发生率。

德国学者沃尔夫冈·谢夫(Wolfgang Schaefer)指出,市场上有诸多既有钱又想靠价格手段区分社会地位的人,如果所有人都可以用"高价消费"来满足自身欲望,那么更高端的消费者就会寻求其他方法来把自己和普通人区别开来。然而,能够负担得起这些产品的仍然是更富有的阶层。消费主义观念至今仍维护着这样的消费文化,它侵蚀了个体的真实自我并用虚假欲望构建的自我取而代之,影响了个人的心理健康,于是消费者往往会陷入"不满足—消费—炫耀/攀比—不满足"的恶性循环之中。

第四章　塑造品牌文化

一、品牌文化的框架

1. 框架胜过事实

认知语言学的创始人之一乔治·莱考夫（George Lakoff）提出：框架甚至胜过事实。是否果真如此？不妨阅读下面两个小故事：

1）两个框架改变结果的故事

上帝的吻痕

美国农场主麦克一家以种植苹果为生，他们的农场地处高原上，当地独特的气候与光照条件让他们农场出产的苹果又红又大，甜美多汁，总是供不应求。不过高原上经常会有冰雹天气，给苹果林带来灾难性的影响，被冰雹砸过的苹果往往会出现许多伤口，品相被破坏导致难以销售，因此他们只能祈祷少发生冰雹灾害。

然而，事情常常不受人的意志所左右。有一年连续下了多天的冰雹，绝大多数苹果身上有了斑斑点点的伤口，甚至有些已经被冰雹击碎。这样的苹果显然无法继续销售，但他们当年已经签下了一些合同，如不能按期交货，就只能按照合同一一赔款，这对麦克一家人来说简直就是毁灭性的灾难。

就在一家人绝望到顶点时，他们的小儿子突然想到一个好主意："我们不如给这些高原苹果定一个商标，就叫伤疤牌吧。"麦克夫妇一听，喜出望外！他们立刻动手，写下了这样的广告语："上帝赐予高原苹果的吻痕——高原上经常有冰雹，只有高原苹果才有如此美丽的吻痕。如果你喜爱高原苹果的美味，请记住我们的商标——伤疤!"结果这些经过冰雹灾害的苹果不仅卖出去了,而且比往年卖得更好。

晴天与雨天

有一个老妇人,她有两个儿子,一个卖布,一个卖雨伞。她整天闷闷不乐,因为雨天的时候她担心卖布的儿子生意不好;晴天的时候她又担心卖雨伞的儿子生意不好。终于有一天,有人对她说:雨天你应该想想卖伞的儿子生意会很好,晴天你该想想卖布的儿子生意会好。于是老太太每天都变得快乐了起来。

在这两个故事中,事实情况发生变化了吗? 没有! 苹果仍然是被打坏的苹果,老妇人的儿子仍然是一个生意好,另一个就不好。但是改变了看待问题和思考的框架,其结果也就不同了。

2) 议程设置理论

议程设置理论来自沃尔特·李普曼(Walter Lippmann)在《舆论学》中提出的观点,即"新闻媒介影响我们头脑中的图像"。美国政治学者科恩(Cohen)发现:媒体在告诉人们应该想什么方面,远比告诉他们怎么想要成功。

议程设置理论认为,公众的议程是由新闻媒体提供的,当媒体强调某些人物、事件、观点时,都会构成人们认知的环境主体,从而有效左右人们关注某些事实和意见,以及议论议题的先后顺序。其重点不是引导人们"怎样思考",而是告知人们"思考什么",这种效果能够有效偏移受众的态度与行为,并产生日积月累的影响。

议程设置影响公众的机制分为3种,从"感知"到不同程度的"重视",是一个逐渐累积影响和效果的过程。随着时间推移,效果越明显,影响也越深刻。具体如下:

(1)知觉模式,即公众对某一"议题"的感知取决于媒体对该议题是否报道。

(2)显著性模式,即媒体对少数"议题"的突出强调,会引起公众对这些议题的突出重视。

(3)优先顺序模式,即公众对议题重要程度所作的判断,取决于媒体对一系列"议题"按照一定的优先顺序所给予不同程度的报道。

3) 框架理论

框架概念最初由英国人类学者贝特森（Bateson）提出，后来被欧文·戈夫曼（Erving Goffman）引入社会学领域。传播学者加姆桑（Gamson）提出，"框架"包含两个方面的含义：一个是"界限"（frame），是人们观察客观世界的取景框，凡是纳入框架的景物都成为人们认知世界的一部分。另一个是"架构"（framing），即人们以此来解释、转述或评议外部世界，诠释社会现象。框架理论的中心问题是媒介的生产，即媒介怎样反映现实并规范了人们对其如何理解。

媒介框架的作用是选择和凸显，把传播者需要的内容挑选出来，在传播中加以强调，以进行问题界定、意义解释、归因推论及提出处理方式等。同时，受众也有自身的认知框架，可能基于自身过去的认知经验，选择组合出不同的主观现实。

信息——information，这个英文单词的结构告诉我们：信息有着自己的形式或形状（in form）。《故事力思维》的作者安东尼·塔斯加尔（Anthony Tasgal）指出，为了区分有意义的信息与无意义的数据（他认为数据是无意义的信息），我们可以把信息看作是将某种事物的形式或形状、安排或造型添加到预先构思或编辑的轮廓中的过程，这一过程具有很强的艺术性。塔斯加尔的观点表明：基于议程设置理论与框架理论，品牌应当有选择地将符合品牌核心价值的理念、观点，打包封装到适合它的"形状"中去。这个"形状"就是品牌文化。有了形状的信息，在受众的心智中才能是清晰的、可以唤起和回想的，才具有价值。

2. 将品牌融入文化

沃尔夫冈·谢夫和 J. P. 库尔文（J. P. Kuehlwein）在其《品牌思维》（2015）一书中提出：在当代文化背景下，文化与商业合二为一，建立了不可分割的联系。二者所共同依托的品牌，把人们的真实世界和精神世界连接在一起，具有英雄般的形象，在很多方面都发挥着榜样的作用，甚至是超级榜样的作用，因为它能赋予我们更高的选择权，阐释真理，并关注我们的基本乐趣与喜好。换而言之，品牌必须确立自己的立场，以建立自己与消费者之间的联系，并最终实现引导消费者的目的，甚至是引领的作用。就像可口可乐为什么能够畅销百年？

其秘密就在于将自身与流行文化紧紧锁定在一起，甚至可以说可口可乐已成为流行文化的图腾。正如克洛泰尔·拉帕耶（Clotaire Rapaille）在《文化密码：最实用、最有趣的全球文化解读》中指出的那样：任何品牌若想在营销中取得领军地位，关键是要破译"文化密码"，并把品牌概念融入社会文化中。

可口可乐向来走在品牌营销的最前沿，它是第一批把男性塑造为偶像的美国公司之一，甚至一手打造了圣诞老人的成名之路。圣诞老人原本没有统一的形象，在不同国家文化中的形象各异，甚至在相当长的一段时间里，他被描绘为一位身着绿袍、体形偏瘦的老人。但是可口可乐为促进产品的销售，在1931年聘请著名广告插画师海顿·珊布（Haddon Sundblom）重新定义了圣诞老人的形象，将其改为身穿红袍、留着白色大胡子，手举可口可乐，面带慈祥微笑的胖老者形象。自此，可口可乐不断通过营销活动强化红白衣服打扮的圣诞老人形象，使其深入人心。可口可乐还为圣诞老人的明亮红色申请了专利，每个出现在广告中的圣诞老人都必须要和可口可乐标签上的红色完全一致。而另一边，可口可乐不对圣诞老人的形象使用权设置任何专利，使很多品牌与厂商衍生了一系列关于圣诞老人的贺卡、画册、公仔等周边。这个IP形象也开始于不知不觉中在消费者的思想和情感中占据了一席之地，让全世界人民都将身穿红袍的圣诞老人认定为圣诞老人的唯一形象，也将自己的品牌代表色——红色，变为圣诞的代表颜色。可口可乐就这样将自身的品牌形象与圣诞节紧密联系在一起，从而在原本不是可乐销售旺季的时节开拓出新的市场需求。圣诞节是西方最重要的节日，就像春节之于中国人的意义。把可口可乐与圣诞节挂上钩，就是要让西方人在冬天喝可乐，成为和中国人在春节团聚时要喝白酒一样自然的事情。

圣诞老人IP形象的塑造只是可口可乐营销中突出的一笔，而其在潮流系统中的占位更是无可替代。披头士乐队（The Beatles）被誉为流行音乐界历史上最伟大、最有影响力的乐队，在20世纪60年代引领了轰轰烈烈的音乐文化浪潮，被美国称为"英国入侵"。而英伦入侵史上的第一击，就是披头士乐队拍摄的可口可乐电视广告。他们还曾在歌曲 Come Together 中唱道："He shoot Coca-Cola，He say 'I know you，you know me。'"和披头士乐队一样，几乎所有称得上摇滚艺术家的前辈们都不吝在自己的作品中表达对可口可乐的热爱，差不多每个摇滚名人堂里的明星都在歌里唱过"可口可乐"。曾被称为"史上最伟大的歌手"的艾克索·罗斯(Axl Rose),是 20 世纪美国流行文化的代表人物,甚至被怀疑是可乐瘾君子。而玛丽莲·梦露、猫王、迈克尔·杰克逊、麦当娜等一众明星也都曾流传出畅饮可口可乐的画面。这些引领时代潮流的明星们对于可口可乐在文化占位中的作用是不可替代的。

可口可乐通过成功的潮流系统占位,用时尚这样一个更具有活力与价值的框架替代饮料的传播框架,将自己变成了美国自由精神的象征、西方流行文化的一部分。回顾可口可乐的品牌营销之路不难发现,将商业与文化耦合在一起,使自身成为社会文化中不可替代的一部分,是成为一个超级品牌的必经之路。

二、品牌文化的建构与传播

品牌文化的建构与传播是一个共生的过程,无法割裂开来。我们无法想象仅停留在文字表面的"品牌文化"如何塑造品牌。品牌文化的建构过程必然伴随着其传播的过程;而品牌的传播行为也必须言之有物,不能离开品牌文化。

1. 确立品牌立场

品牌立场是品牌对于特定问题的态度,展现了品牌的核心价值观(如创新性、可持续发展、高品质、优质服务等)。清晰的品牌立场可以增加品牌在市场中的影响力,使品牌获得更大的成功。品牌立场是一个品牌与消费者建立联系的触点,越来越多的消费者开始考虑品牌的价值观与自己是否相符,这也迫使品牌在营销的过程中不断阐明自己的立场。强力的品牌立场就像是品牌在消费者聚集的地方点亮火把,为自身设立一把清晰可见的道德标尺。

例如瑞士环保袋包品牌 Freitag,使用色彩缤纷的、废弃的卡车防水布作为产品的原料,为产品赋予了深层次的环保内涵。可持续发展是 Freitag 的核心理念,所有产品的材料都来自回收的卡车防水布、安全带、自行车内胎等,并且将材料采购严格限定在瑞士及周边国家,总部半径 2 500 公里范围内,以减少因物流而带来额外的消耗。由于每个包的原料都是来自不同防水布的不同部位,其花纹、色彩也各不相同,因此每个包又都是独一无二的,旧防水布鲜明色彩、不规则色块的组合形成了一种不可复制的潮流文化。由于采用回收的卡车防水布,所以每件产品都有陈旧的风霜印记,使用时就无须担心把新包弄脏(见图4-1)。Freitag 的设计理念不仅为消费者提供了具有耐用性、便利性、独特性的产品,更是赋予了产品深层次的环保意义。在环保意识日益提高的今天,这种理念吸引了广大的消费者群体,为品牌的价值和市场份额提供了强大的支持。

图4-1 Freitag 产品与生产过程(源自 www.freitag.ch)

环保、潮流、耐用、便利就是 Freitag 的品牌立场,而这种品牌立场为 Freitag 与消费者建立了紧密的联系。品牌创始人 Freitag 兄弟之一的马库斯·弗莱塔格(Markus Freitag)说:"由于我从不开车,只骑自行车,所以我了解人们有时会需要一个坚固、防水、功能性强的包。"因此,他们开始缝制符合自己需要的自行车邮差包,继而开创了 Freitag 品牌。Freitag 和骑行是离不开的,邮差包的设计就是为了让人在骑行的过程中方便掏出包里的东西,而倡导骑行也是 Freitag 低碳环保理念的一个重要体现。

为什么企业经常会发布公益广告?这是为了表达他们不仅关注经营获利,还关注如何解决社会和环境问题,为公众谋福利。这实质上就是在表达品牌立场,即通过发布公益广告让社会了解到品牌对于某些问题的态度和立场,从而获得目标消费者的认同。企业发布的公益广告立场应当与自身所经营的产品或提供的服务在逻辑上保持一致,避免观者觉得名不副实或认为企业在说虚假的话。

　　例如,在一则电视公益广告中,一位厨师一边兴致勃勃地用脖子夹着电话聊天,一边毫不留神地用力剁着南瓜,让观者为他捏一把汗,担心他下一刀会不会就切在自己手上。而当大众汽车 logo 在广告语“开车时打电话和这同样愚蠢”之后定格时,观者非但不会觉得 logo 的出现多余,相反,他们会觉得这是一个负责任的车企应当做的,并且由衷赞叹广告构思之巧妙,认为广告创意与品牌形象的结合恰到好处(见图 4 - 2)。因为汽车品牌关注驾驶安全是应有之义,车企也确确实实在不断为了提高汽车的安全性而付出努力,品牌的立场与其自身的形象是一致的。反之,若观众看到的公益广告中传达的观点与品牌自身利益相矛盾甚至相冲突,则难以使观众产生信赖感,有时还会起到反作用。

图 4 - 2　大众汽车公益广告

　　确立品牌的立场需要了解目标市场对特定问题的观点和态度,从而为品牌立场提供方向。品牌立场作为营销策略中重要的一个组成部分,当然会有针对目标市场投其所好的成分,如果品牌立场与目标消费群体的立场、观念相违背显然是不利的,但这并不等于说,品牌要为取悦目标市场而设立违背自身原则的立场。相反,应当寻找与自身原则、理念相一致的消费群体作为目标市场,就如同在婚姻中寻找与自己三观一致的人做另一半,而不是为了取悦对方而口是心非,否则建立的关系必然无法持久。

　　确立品牌立场也离不开对行业历史、传统与未来发展趋势的把握。企业只有了解哪种信息更适合他们的业务和品牌,才能衍生出有影响力的品牌立场。

　　山西绛州澄泥砚始创于唐代,采用特种胶泥加工烧制而成,质地细腻、一砚多色、雕工精美,曾被列为"贡砚",与端砚、歙砚、洮河砚并称为"四大名砚"。可惜的是,清代时澄泥砚的制作工艺失传,直至20世纪八九十年代澄泥砚才恢复生产,陆续产生了绛州澄泥砚、"蔺氏"澄泥砚、"绛文阁"澄泥砚、"绛州坊"澄泥砚、"王氏"澄泥砚、"河东古韵"澄泥砚和"绛艺苑"澄泥砚等品牌。其中,品牌塑造强度最大的是版画艺术家蔺永茂创建的"蔺氏"澄泥砚,被评为国家级非物质文化遗产。早期"蔺氏"澄泥砚以国家非遗为品牌立场,主要借助非遗传播,取得了良好的品牌传播效果。第三代非遗传承人蔺子麟,一方面自幼接触澄泥砚的制作,另一方面由于曾在韩国国民大学学习现代陶瓷工艺,兼修玻璃工艺和金属工艺,所以他在造型、设计、工艺方面获得新的视角,开始尝试传统工艺的跨界创作。2020年,蔺子麟建立绛州澄泥砚的文创品牌"一绛心澄",试图在中国传统精神与新生代群体的不羁个性之间寻找契合点,以"澄于心,不拘泥"为品牌立场,体现出新生代传承人在传统与现代之间的取舍(见图4-3)。一脉相承的"蔺氏"澄泥砚,在品牌发展的不同阶段,在社会的不同历史时期,选择了"非遗"与"创新"两种迥然不同的品牌立场,原因就在于这些信息能够体现产品的突出特点,使其从竞争者中突显出来,助力其业务拓展与品牌形象的树立。

图4-3　"一绛心澄"澄泥砚,作者蔺子麟

2. 建立情感连接

如果说品牌立场的目的是寻求目标消费群体的认同,"确认过眼神,是自己人",将消费者拉入共同的阵营中,那么如前所述,强力的品牌立场就像是品牌为自身所设立的一把清晰明了的道德标尺。然而,没有人单纯因为道德高尚而变得财源滚滚,因此品牌也不可能仅靠共同的道德立场,就能让消费者无条件地支持其产品。笔者不想过分强调品牌立场的作用,认为"品牌立场在今天无疑是品牌唯一需要的价值"(沃尔夫冈·谢夫,2015)。相反,笔者更愿意把品牌立场作为品牌与消费者之间建立信任与情感联系的第一步,而情感才是真正能够影响消费者的力量。

行为决策理论的相关研究认为,人并非完全理性而是有限理性的,在识别发现问题中易受知觉偏差的影响,而在判断未来的状况时,往往更多运用直觉而非逻辑来分析。概括来说,人们在做决策时更易受到情感、文化等的影响而非通过理性作出判断。人们在决策中追求的是"满意"标准,而不是"最优"标准。心理学家丹尼尔·卡尼曼(Daniel Kahneman)、神经学家安东尼奥(Antonio)等人的研究都显示,人的决策行为由情感驱动。

建立情感连接就是要与消费者建立深层次的情感关系,使消费者不能轻易割舍它。转换一下视角,作为一名消费者,什么样的情感会让我们难以割舍呢?曾经陪伴我们度过岁月中最美好或艰难的时光(比如热恋中的旖旎时光、高考之前的艰难时刻、克服了疾病中煎熬的阶段等)的物品,或是能够唤起我们最珍视的情感(比如爱情、亲情、友情等)的事物,期望能帮助我们迎来更美好未来(比如说变得更美丽、收获事业或学业的成功等)的事物,又或者是本身微不足道但对我们影响深远的事情(如获得谅解重新收获友谊、在公益活动中找到自我人生价值)都有可能让我们难以忘怀。

在这里不妨分享一个自身的事例:刚从英国留学回国后的几年中,笔者曾连续几届(2008—2013年)参加"上海国际科学与艺术展",每年都会提交一件新媒体交互装置作品参展。在那个时候创作新媒体交互装置作品的艺术家还比较少,没有太多学习和交流的途径,笔者主要是靠自身摸索,既要学习编程、电路,还要自己创作动画、设计制作艺术装置。由于经费有限,大多数时候是一个人包揽所有事情,非常艰苦。曾在有一次布展的间隙,疲累之下笔者感到非常迷茫,这么辛苦是为了什么? 但还是赶在开展前完成了所有布展工作,在随后的几天展览中,当看到在自己的作品前参与交互的孩子们专注的神情和笑脸,突然感受到自身创作的价值,有那么一瞬间觉得所有的辛苦都是值得的。由于连年参展,也在展览中结识了几位同样坚持创作的朋友,并3次获得"科学与艺术优秀作品奖",2次受到澳门市政府的邀请前往"澳门科技活动周"参展。这个优秀作品奖不是一个随手可得的优秀奖,上海国际科学与艺术展每届只颁发5个奖项,包括优秀组织奖、杰出青年奖等。"科学与艺术优秀作品奖"获奖者只有1名,是用来奖励将艺术与科学结合进行创作并在艺术上达到一定高度的艺术工作者,因此来之非常不易。后来笔者也曾获得过诸多更高级别的奖励和荣誉,但这个展览在心目中始终具有独特的地位,其原因就是在参展的过程中,体验到了困难与欢乐的糅合,既有付出的艰苦,又有收获的快乐与成功的自豪,让笔者对这个展览产生了深切的、难以割舍的情感。

当然对于商业品牌来说,很难让消费者进行这么深层次的沉浸式互动,经历由痛苦到成功的情感转变,从而获得马斯洛需求层次中自我实现的深度情感体验,但也不妨通过给予消费者安全、爱与归属、尊重等层次的满足,达到建立情感连接的目的。随着接触的增多,情感的连接也会逐步稳固。

建立情感连接的方式是多种多样的,讲述品牌故事是其中较为有效的一种方式。品牌故事是指品牌创立和发展过程中有意义的事件,它可以是真实发生过的事情,也可以是刚刚或正在发生的新闻,或者是特意编纂的故事、附会的传说。品牌故事,并不仅是几段关于品牌历史或创始人的干巴巴的介绍说明,而是要便于在消费者口中流传的,融合了品牌动机、精神、愿景等有情节、趣味的故事,并且具有独特性、标签感和传颂感,应当饶有趣味,使人津津乐道。让我们来看一下茅台酒一摔成名的故事:

1915年,北洋政府以"茅台公司"名义,将土瓦罐包装的茅台酒送到巴拿马万国博览会参展,外国人对之不屑一顾。

一位中国代表(陈琪)心生一计,佯装失手摔坏了一瓶茅台酒。顿时,酒香扑鼻,惊倒四座,招来不少看客。中国代表乘机让人们品味琼浆,不到片刻便成为一大新闻而传遍了整个会场。

茅台酒就这么一摔,摔出了中国名酒的风采,让世人瞩目的茅台酒终于"一摔成名"。

这个故事传达了什么信息,又为什么会被大众津津乐道?它共包含了4个层面的信息:首先,茅台酒是好酒,酒香四溢,惊倒四座。这是产品的核心价值,体现出产品品质、质量过硬。其次,展现出中国代表的聪明机智,以失手打破酒瓶引起周围人的注意,并散发出酒香,可谓营销有术。这是一个非常好的创意,能够激起听众对智慧的推崇。再次,故事的结果是四海宾服,茅台酒以自身过硬的品质为国争光,一举成名。故事的结果具有象征价值,以国酒扬国威,能够很好地激发起民族自豪感。假如将故事的背景换成某个国内展会,失去了外国人的前后态度对比,效果定然大打折扣。最后,这是一个经典的地位逆袭故事。此类故事具有较高的情感价值,能够使具有身份代入感的听众为之欢欣鼓舞,增加对故事主角的认可度。

这则品牌故事的独特性在于:①故事发生的历史背景不可复制。在北洋政府时期,中国国力衰弱,不仅政治上软弱、军事实力不足,也缺乏能够在国际市场上立足的知名产品,处处受外国的歧视与压迫。②故事情节独特,让人印象深刻。如果其他品牌模仿该情节就会让人联想到此故事,无异于在为茅台做宣传。

故事的标签感在于:产品被当时的政府选送参加万国博览会,代表的是国家形象。而产品在展会中受到冷落,使国人的自豪感受到打击,同时心中感觉难过。

此外我们不难看出故事的传颂感:首先,故事简短凝练,于短短百余字之间起承转合,讲述了一个先抑后扬的振奋人心的故事。笔者在小学时就听到了这个故事,至今30多年过去了,仍然能够清楚记得故事的梗概。其次,茅台本身是一个著名的IP,围绕它的精彩故事容易被人传颂。而这个IP所依附的产品——酒,所具有的重要属性就是促进沟通交流,在酒桌上能够很自然地讲起这个故事,为喝酒的人提供谈论的话题。

回过头来再看看这个品牌故事的叙事方式,会发现它和青蛙王子的故事有诸多相似之处。听众(即目标消费者)在听闻故事时会经历相近的心理卷入与变化的过程(见图4-4)。

(1)我(听众)知道故事发生的开端:主角(王子/茅台)遭遇了厄难(王子被

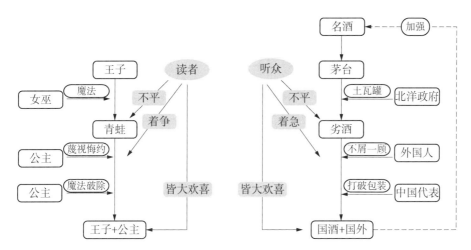

图4-4　听众心理卷入过程

女巫变成了青蛙,而好酒茅台被北洋政府装在土瓦罐中),美好被遮蔽,明珠蒙尘,让人心生不平。

(2) 而你(故事中的人:公主/外国人)不知道这一点,没有珍视主角,我虽是知情者却无法让你分享,让我有点着急,感叹你没有慧眼。

(3) 你误解了主角,对他施以不公(青蛙帮公主完成任务却得不到回报,外国人对茅台不屑一顾),我看到主角受难心里很着急,情感压抑达到极点。

(4) 故事发生转折,公主的一吻破解了魔法(中国代表摔碎酒瓶),主角的价值得以展现(青蛙重新变成王子,茅台酒香四溢),情感得到释放,压抑后反弹。

(5) 完满结局(王子与公主幸福地生活在一起,国酒扬名海外),听众情感得到升华。

不同的是,茅台的品牌故事带来了更加深远的影响,即茅台名酒的形象通过这则品牌故事得到进一步加强。我们可以看到,茅台品牌故事紧密围绕品牌核心价值展开叙述,层层铺垫,最终通过生动、趣味、感人的表达方式唤起了与消费者之间的情感共鸣,强化了品牌形象。

品牌故事的叙述维度是多样的,可以从时间、地域、人物、工艺、精神、文化传承等角度展开,如讲述百年老店、神秘的北纬30°、创始人故事、工匠精神等。以农夫山泉的广告《一个你从来都不知道的故事》为例,该广告以一名水源勘探师的视角,娓娓道出其品牌理念:"我们不生产水,我们只是大自然的搬运工。"故事的主角方强(方腊的第28代孙)是一名南方人,却常年踏足寒冷的长白山原始森林,寻找优质的天然水源。他曾78次徒步穿越百公里的长白山森林深处,进行水源勘探。通过方强的讲述,观众不仅了解到主人公在零下30℃的深山老林中跋涉的辛苦,更了解到什么样的水才符合农夫山泉的优质标准,以及掌握一些关于地下涌泉的专业知识。例如,涌泉能够在零下30℃的环境中保持9℃的水温,成片银白色的树挂是识别地下涌泉的标识,水在岩层间经流时间长达数十年等(见图4-5)。故事并未刻意地煽情,而是用平实的手法记述。从这个平凡的企业员工的故事中,观众可以感受到一种朴素的情感,即农夫山泉员工对工作的尽职尽责,感同身受地体会到在追寻优质天然水源过程中所需要付出的艰辛。这种源自普通人的平凡故事往往更能让普罗大众产生共情,同时也更加认同"大自然的搬运工"的经营理念。

图4-5 农夫山泉广告

百度广告《爱让一切成为可能》则更加注重与观众情感的共鸣。它讲述了一位有严重视听障碍的保洁员,如何借助网络自学麦克尔·杰克逊的舞蹈,在选秀节目中脱颖而出,最终改善父女关系的亲情故事。作为一名文化水平不高的残障人士,他在自学舞蹈的过程中不乏艰辛与困难,也有滑稽与可笑的情况发生,而他女儿被父亲的努力打动,二人的情感逐步拉近,让故事增添眼泪与微笑(见图4-6)。百度在讲述其产品如何为全国1.6亿贫穷或身患疾病的人提供网络学习的机会时,并没有采用宏大的视角与叙事,而是将视线聚焦在一个家庭的悲欢上,让故事更有真情实感,更能触动观众温柔的心弦,形成情感共鸣。情感共鸣是传统美学最基本的一根支柱,对于建立深度的人际关系至关重要。故事最后再次强调中国有大量人口需要此类帮助,进一步凸显出百度品牌的社会公益价值,在观众心目中留下了良好的形象。

图4-6 百度广告

3. 增加曝光

你是否有过这样的经历?在朋友聚会或者是旅途中遇到一个人,他言谈非常幽默风趣,或者很擅于讲故事,让你一下就记住了他。但由于只是偶尔的一次相遇,自此以后没有了相遇的机会,久而久之,你或许还记得交谈中的只言片语,但已经记不起他的名字,甚至记不清他的长相。这就和品牌文化的传播一样,无论品牌故事多么感人,如果缺乏和消费者接触的机会,久而久之就会被市场淡忘。经常被人们引用的俗语"好酒也怕巷子深",讲的也是同一个道理。

文化是一种历史和社会现象,是人们在长期创造过程中所形成的产物。文化具有场域特征,当文化产品出现在某种特定类型的场域之中,它既会将自身的属性赋予场域,也会具有这个场域所赋予的独特气质。而当一件产品始终出现在某种文化的重要场景中,那它就成了这种文化的一部分。比如说,在中国古代,鼎原本是一种煮食物的器具,但由于其体积庞大、重量大及制作难度大而成为财富与权力的象征,被用于官方会议或国家大型祭祀活动上。长久以往,鼎就成为中国文化的重要标志物。了解中国传统文化的人只要看到鼎,就会想到它所象征的权力与威严。同样,现代产品如果重复出现在时尚、历史或其他场景中时,也能成为此类场景的代表性符号,或可称其为标志物,如当人们看到墨镜的时候,不免会想到时尚圈或者好莱坞(见图4-7)。

图 4-7   好莱坞电影海报

但是增加曝光并非将自身的一切毫无保留地展现于公众面前。适当保留神秘感,能够增加品牌对目标消费群体的吸引力。当某品牌的消费者可以享受品牌所提供的超值服务,而其他人却只能远远观望,并津津乐道地谈论与之相关的话题时,这就像是用一根昂贵的天鹅绒绳子拦住入口,将消费者与其他人分隔为两个不同的群体,而只有达到某些较为严苛要求(比如财富水平、特殊身份)的顾客才被允许进入。这时候,进入这个特殊的圈子就带来一种人无我有的优越感,甚至成为荣耀的身份象征,这就将对于物质或服务的需求转化为精神层面的需求。

为了保持神秘感,品牌可以通过减少产品的获得渠道或在大众媒体上传播时隐藏部分信息来实现。有些品牌会声明不在一些面向大众的廉价超市或渠道销售;有些品牌仅通过指定代理商才能购买;有些品牌会通过限量、限季、快闪店等方式制造购买的紧张感;有些饭店则会有一个不对外公布的隐藏菜单,只有熟客才会从服务员口中了解到当天的特殊菜品。浏览一下劳斯莱斯、阿斯顿·马丁等豪车品牌的官方网站,你会发现上面的大多数车型是不提供具体价格的。消费者必须个性化选定自身需要的配置,通过联系经销商或发送邮件才能获得价格信息。这不仅能够增加潜在客户与品牌之间的联系,帮助锁定客户,还能增加品牌的神秘感和吸引力。而购买了该产品的消费者也会共同维护这个品牌的神秘性,以此确保自身的优越感。除非他已经抛弃这个品牌且找到了一个更好的替代品牌,否则他不会说这个品牌有何不好。

增加曝光需要从品牌的媒体策略加以考虑,即如何合理地选择和运用媒体传播品牌形象。通常来说,我们会从品牌传播的受众、媒体的特点、产品或服务的特点、信息的特点等几方面综合考虑。

正如前文第二节对于目标市场的分析所述,消费者的性别、年龄、收入等都会对传播效果造成影响。产品的目标受众是男性还是女性、年轻还是年长、高收入还是低收入? 这些因素会带来他们接触媒体情况的差异。虽然当前人们大量转入短视频等社交平台,但在这些平台依然存在鲜明的媒介分层现象,例如"小红书"用户以年轻女性为主,她们关注时尚、美妆、健康、旅游等领域,更注重产品的品质和品位;而"抖音"用户则年龄层更为广泛,关注的内容也更为多元,如演唱、舞蹈、搞笑、美食、生活记录等。

意见领袖或关键意见消费者是品牌文化传播中需要格外关注的人群。他们是大众传播与人际传播的连接节点,能够使品牌的传播效果最大化。意见领袖通常是某个领域的专家或行家,他们热衷于拥抱媒体,并乐于将通过媒体获得的信息分享给身边人,从而对周边人群起到带动作用。例如,一群青年人中,如果有一位是众所周知的科技产品爱好者,他对科技的发展也有着明显超出同伴的见解,平时携带的电子产品总能让人耳目一新,那么,当他向朋友推荐某款电子产品时,其效果就远比朋友们直接从电视上接触到此类商品信息更好。

当前,社交媒体平台上的直播带货销售量动辄达到几百上千万单,这正是借助了意见领袖的巨大影响力。以致力于传播东方生活美学的李子柒为例,她是知名的美食短视频博主,全网粉丝超 1 亿。她不仅吸引中国网友的广泛关注,还向世界传播中国文化。《人民日报》评价她的视频"堪称网络传播时代的中国'田园诗'"。2016 年,李子柒拍摄创作的短视频"兰州牛肉面"在全网的播放量达 5 000 万,点赞数突破 60 万;2019 年,她在 YouTube 平台上的粉丝数更是达到了 735 万。通过她的视频,我们不仅可以看到高山流水、竹林田野的自然之美,还可以感受到陶渊明式的东方自给自足、和谐共生的生活方式之美,以及亲力亲为、认真生活在当下的生活态度之美。这些精良的短视频不仅向世人传递了生活中的美好,更带来了百亿元的商业价值。李子柒让世界观众看到了东方生活之美,也让他们愿意相信,在如此认真的生活态度下,李子柒所推荐的产品,必定是物有所值的。当然,李子柒的巨大成功是东方传统文化与现代媒体技术相结合的结果。在此前的数千年里,中国人一直秉承这样的生活态度,但直到与现代传媒技术嫁接在一起,才突然在世界面前绽放出别样的光彩。

4. 结合媒介

马歇尔·麦克卢汉(Marshall McLuhan)在《理解媒介:论人的延伸》一书中,基于媒介传递信息的清晰度和受众获取信息的参与度,将媒介分为冷媒介与热媒介。对于不同类型的符号,人的感知方式和人脑参与过程存在差异,不同符号的认知分属不同层次:图像和声音的认知,作为人们对现实世界的直观感觉和经验的再现,属于低阶的心理认知;而语言和文字则需以事物的形象和声音认知经验为基础构建起映射关系,并被赋予抽象意义,属于高阶认知。因此,相比于传播图像和音乐的媒介,传播语言和文字的媒介显得较冷,它需要接受者参与其中,用自己的想象填补缺失的信息。而热媒介的讯息清晰程度较高,不需要受众投入较多的想象力。

不同媒体由于其自身特性的差异,所适合传播的内容也是不同的。同时,产品或服务本身也会对媒体提出特定要求。因此,在选择媒体进行品牌传播时,需要考虑传播内容与媒体特性的适用关系。若想要渲染浪漫动人的情感氛围,运用图像与音乐的影视媒体就要比文字媒体更有效,而若要运用大量严谨的数据说服受众,能够静态呈现的纸质媒体或网页显然更符合需求。此外,网络、卫星电视等媒体适合向全国乃至全球等广泛范围发布各种大量信息,而地方性报纸、海报、直邮广告等往往适用于地域性传播。然而,传播的范畴并非越广泛越好,除了要考虑媒体的金钱成本外,媒体的有效到达率及产生购买行为的可能性同样需要考虑。例如,一家地方性的汽车租赁服务公司,若在全国性电视台花费重金做广告,其投资与回报比是否能达到预期?如果它所在的城市是国际知名的自驾旅游胜地,有着广泛的外地游客自驾游需求,那么其广告宣传有可能带来可观的回报,否则很可能白白花费巨额广告费用。

媒介一词,除了其抽象意义上的"媒体"含义外,还具体特指用于传播信息的介质。这些介质之间实质上存在巨大差异,通过它们承载的信息与符号,尽管表面相似,但传播效果可能会判若云泥。

20 世纪 80 年代的年轻人可能都有在录像厅观影的经历。当年,香港电影以录像带的形式传入内地,各地城市纷纷开设了价格低廉的录像厅,花 3～5 元可以看一整天。然而,由于录像厅条件简陋,播放的画面清晰度差,音质模糊,有时甚至无法分辨影片中角色的面孔与声音,这难免给人留下香港影片粗制滥造的印象。而 2009 年电影《阿凡达》最初上映时,其 IMAX 3D 所创造出的细腻画面与宏大场景,令从未观看过如此精美画面的观众为之震撼。即使当时票价超过 100 元,甚至被炒到 1 500 元之高(当年普通票价仅为 30 元左右),也有不少影迷趋之若鹜。《阿凡达》自上映至 2019 年的 10 年间,一直保持着全球票房最高的记录,创造了令人瞩目的 28.87 亿美元票房,可谓开创了 3D 电影的新时代。《阿凡达》的成功固然有其故事跌宕起伏、主题深刻感人的一面,但其采用新的媒体技术带来的震撼视觉效果也起到了举足轻重的作用。

与影视媒介一样,印刷媒介也有不同的"质感"。随手写在一张复印纸上的文字,与一张印刷精美的卡片所传递出的信息是截然不同的。由知名设计师聂永真设计完成的"台北 101 联名卡",是中国台北 101 与中国信托银行合作发行的,只有受邀的人才能获得。联名卡在全黑的卡面以抽象线条镂空的方式透出金属镀银面,以极简的设计语汇展现出台北 101 的经典造型图案。卡片由金属铸造,其重量和触感与一般信用卡也全然不同(见图 4-8)。结合前面所提到的天鹅绒绳子理论,这张卡就是一条精美昂贵的"天鹅绒绳子",将持卡人与未能拥有该卡的人群分隔开来,成为身份与经济实力的有力象征。

图 4-8　台北 101 联名卡

在结合媒介传播方面,零度可口可乐提供了一个优秀的案例。其品牌文化与年轻、酷炫、激情、时尚紧密相连。2015 年,为了推广零度可乐,可口可乐公司推出了一系列"可以喝的广告"营销活动,堪称跨媒体融合营销的经典案例。在美国大学生篮球联赛决赛场地——印第安纳波利斯的怀特河国家公园,可口可乐公司竖起了一块广告牌,上面装有一个巨大的可乐瓶和由 1.37 公里长的吸管组成的文字"taste it",其中可乐瓶与导管中都充满了零度可乐。导管被连接在广告牌下方的饮用装置上,路人可以打开阀门用杯子接取可乐喝。当然,一般情况下不会有人随身携带杯子,可口可乐公司在现场发放的宣传单中夹带了可拆卸的折叠纸杯,让每个现场观众都有机会品尝零度可乐。在赛场中,当大屏幕上播放零度可乐广告时,观众可以用手机屏幕里的可乐杯虚拟接住大屏幕上倾倒出的可乐,一旦将空杯子装满,就能够获得一张可口可乐公司送出的电子券,用于换购一瓶零度可乐。即使不在现场观看比赛,观众也可以通过下载手机 App 与各种广告互动来获得电子券。在观看零度可乐的电视广告时,观众同样可以用手机中的可乐杯"接满"可乐,随后一张电子券就会发送到手机上。哪怕没有屏幕也没有关系,电台广告中倾倒可乐时的"滋滋"声、路边的灯箱广告牌,都可以成为接取可乐的媒介。这种跨媒体融合的宣传方式与品牌针对青年人的目标定位高度契合,让人印象深刻(见图 4-9)。

图 4-9　零度可乐广告

5. 品牌成为信仰

如果说确立品牌立场和与消费者建立情感连接都是在攀登成就品牌信仰的台阶,是在纵向层次上的逐步提升,那么增加曝光和与媒介的融合,就是在为品牌成为信仰而筑牢情感基础、扩大受众面,属于横向层面上的巩固与拓展。

品牌成为信仰包含两方面含义。

1) 品牌成为自身的信仰

品牌文化要成为企业内部坚定拥护并贯彻执行的信念,这种信念不仅是贴在墙壁上的标语,而应是从企业高层到普通员工都共同认可的精神内核,即把品牌文化与企业文化融为一体,实现外部文化与内部文化的统一。

总部位于伦敦的阿斯利康是一家国际领先的制药公司,其在中国的总部设在上海。浏览他们的官方网站,可以看到公司的理念是"科学能够为人类、社会和地球缔造一个可持续发展的未来"。值得称赞的是,他们不只是将口号写在网站上,而是在坚定地执行这一理念。例如,公司严格执行 600 公里以内的出差只能乘坐火车的规定,每位员工都有碳值限定等硬性要求。公司更是设定了明确的碳排放目标,即在 2030 年实现碳中和,2035 年实现负碳排放。在一次私下交流中,一位阿斯利康的员工 Grady(化名)透露,2023 年由于疫情的阻隔很多业务无法开展,疫情放开后,员工纷纷去外地出差,然而仅上半年就有不少员工收到通知,因为其个人的碳值已用完,当年将不被批准任何出差业务。这一事例充分表明,公司将可持续发展理念置于自身利益之上,即使可能影响到业务的正常开展也在所不惜。

在那次交流后,笔者又特地联系到 Grady 进行了一个小时的电话采访。结果发现,阿斯利康不仅将可持续发展视为一种必须执行的理念,更是将之(与他们网站上优先执行的另两种理念:医疗服务可及性、道德和透明度)作为企业的信仰。任何符合这三种理念的举措都能被迅速执行,比如当公司内部在某些问题上存在分歧时,他们就会用这三种理念去衡量:是否有利于病人,是否环保,是否符合包容和透明的文化? 如果符合,那就可以去做。正因如此,公司在基础研究与新药开发方面投入大量资金,并在短期效益与长期效益之间更强调可持续发展。

阿斯利康可以说对自身的品牌文化抱有强大的自信,从不让员工去刻意背诵品牌文化,而是让品牌文化在工作的所有环节中自然生发,员工能自发地认识并理解这些文化的价值与魅力。得益于品牌独有的开放性文化,阿斯利康在短短的十余年间,就从中国市场的第 10 位跃升至第 2 位。在阿斯利康,企业员工转岗是非常自由的,他们可以申请至任何适合自己的部门。原有的工作经验、知识背景既可以为新的工作岗位提供更宽阔的视野与新的视角,也可以促进部门之间的了解与沟通。员工在工作中遇到困难时,能够得到高层的有力支持与帮助。公司总经理及其他高层经常会出现在公司的各种工作群中,随时突破现有的管理框架,及时与基层员工交流沟通,帮助解决问题。此外,企业为员工提供了良好的上升通道与职业培训机会。曾经离开阿斯利康的员工如果想要再次回到企业工作也是被欢迎的,并且会被优先考虑,因为他们对于品牌文化更容易理解和认同。Grady 曾经在英国、瑞典有过多年的工作经验,也服务过 2 家知名药企,但他略带自豪地告诉笔者,他已经在阿斯利康工作 4 年,并且计划在这里工作到退休。从与 Grady 的两次交流中,可以明显感受到他对该公司品牌文化的高度认可。

2)品牌成为大众的信仰

要成为大众的信仰,品牌必须超越平凡,成为大众信仰的文化符号。那些超级符号,它们告诉消费者什么是流行,什么是趋势,以及什么是对的,它们建构着消费者理解世界的方式。"Just do it",耐克这句著名的广告语激励着多少人勇往直前,去追寻自己的梦想。耐克鞋的质量如何,含有多少高科技,穿着有多舒适,这当然也是消费者所在意的,但科技总是不断创新,舒适感也永远可以继续提升,没有哪一项能够让一个品牌一直保持优势。并且同样具有这些利益点的运动鞋品牌还有很多,真正让耐克与消费者产生强烈共鸣的其实是这句经典的广告语。

按照约瑟夫·坎贝尔(Joseph Campbell)在《神话的力量:在诸神与英雄的世界中发现自我》中提出的理论,建立品牌信仰有两种路径:

一是左手路径(left hand path,LHP),重视自我的提升,相信个人可以成为类似神的存在。左手路径的品牌行事具有革命性,会超越社会规范做事。哈雷·戴维森用品牌文化为消费者描绘出一个理想中的世界,用自由、原始的动力和美好的时光煽动大众的情绪,引导大众通往理想之境。

二是右手路径(right hand path,RHP),认为人应该对道德准则严格遵守、对神崇拜,目的是接近神性或与神性融合。右手路径的品牌会遵循社会规范,做世俗观念认为正确的事。宝玑的历史可以追溯至 1775 年,它注重细节和高质量材料的应用,凭借独特的风格和技术,确立了自己在高级腕表领域的领导地位。

沃尔夫冈·谢夫列出的"非卖品法则",铺就了品牌信仰的基石。顶级品牌高高在上,通过营造距离感和优越感,将自己一步步推向品牌信仰的宝座。

（1）保持骄傲距离。

顶级品牌的服务热情周到,但它们与消费者保持着一种恰到好处的距离,使得有些产品需要通过定制才能获得,甚至有些产品一旦错过便再难寻觅。

（2）大胆去做。

品牌应当有自己独特的态度、观点、见解与定位,并且勇于把观点表达出来。没有任何一种产品可以同时满足世界上所有人的需求或口味,因此品牌应当旗帜鲜明地把态度表露出来,吸引与自身价值观相契合的消费者群体。而那些"气场不合"的人群并非我们的目标销售群体,不要为了他们而放弃自己的信念。

（3）避免公开。

距离可以产生美,适度地保持神秘感,是激发购买欲望的源泉。激发目标消费者的好奇心和兴趣,往往比直接展示产品的所有细节更具吸引力和驱动力。

（4）激励和启发。

浪漫主义是文化与自然的融合,连接着无限的宇宙,而艺术和美学是实现浪漫主义的关键。品牌应将自己的产品视作艺术品,对每一个细节都严格要求,绝不妥协。同时,要像对待艺术品一样珍视和展示它,充分认可其价值。品牌对待产品的态度能够启发消费者对待它的态度,很难想象消费者能用崇拜的心态对待地摊货。

（5）不要吝啬。

如果有一份明确的策划,就要坚决地执行所有的策划细节,不打折扣,以此建构和维护品牌的形象。

（6）做自己。

坚定地执行自己的理念,吸引那些忠诚于品牌的消费者群体,而不是为了迎合消费者而在多种相互矛盾的意见中摇摆。品牌不要做产品的万能容器,应该有选择地放进去那些能够展现自身理念的产品。

（7）行动多于言语。

赢得信誉是一件安静的事,叫得越急切的品牌,越缺乏可信度。

三、品牌文化的跨文化传播

1. 文化与跨文化交流

从跨文化传播的视角来看,索维尔所提出的观点是格外有意义的:文化是为了满足紧迫和实际的人类生存需要而存在的,向年轻人和经验不足者传授那些前人好不容易习得的知识和经验,以便让他们不再犯同样的错误。正如英国作家塞缪尔·富勒(Samuel Fuller)所说,"文化使所有问题更加简单易懂"。跨文化传播可能面临的问题是,缺乏这些前人的经验,从而在交流中遇到重重障碍并容易导致各种错误,而这些障碍与错误在他们自身的文化中原本是不会出现的。

跨文化交流,即来自不同文化背景的人们相互交流。当在文化概念和符号系统完全不同的背景下人们进行互动时,这种差异足以引发整个沟通活动发生转变。拉里·A. 萨默瓦等人在 2013 年指出,交流是符号化的、系统化的。虽然所有的文化都使用符号,但人们赋予符号不同的意义。而交流情境的变化也会导致交流结果的不同。情境有助于确定人们所发出的言语行为的意义,能告诉我们什么行为是应该的,而什么行为是被禁止的。在进入不同文化的市场时,品牌需要规避文化忌讳甚至文化禁区,并针对不同目标市场,设计有感染力的品牌文化形象。

2. 价值观维度

价值观是人认定事物、辩定是非的一种思维或取向。价值观形成于每个人的童年时期,受到家庭环境的影响,并在学校及各种组织体制中得到强化。价值观受民族、国家、文化的支配,其思想认识上的协调统一是人际关系形成的关键因素。

荷兰心理学家吉尔特·霍夫斯泰德(Geert Hofstede)基于"价值观是文化的基石"这一观点,从五个价值维度衡量各国文化的差异和特征:权力距离、不确定性规避、个人主义与集体主义、阳性主义与阴性主义、长期取向与短期取向。这是有一定影响力的价值观维度之一。

1）权力距离

权力距离是指在一个特定文化范畴内，不同社会成员与权力之间的距离。它作为一种文化特征，反映了社会最底层人们接受和认同权力不平等的程度。

在权力距离比较大的国家和地区，人们普遍认同权力是社会的一部分，社会组织会呈现出高度集权性，强调社会地位和等级排序。反之，在权力距离比较小的国家和地区，人们认为社会的不公平应该减到最小。

权力距离会通过社会生活中的一些行为与符号表现出来，比如说高高的台阶、殿堂、拱手而立的侍者，在交流中的称谓加入权力头衔（如张经理、李秘书长）等，这些都是权力距离比较大的象征。而在权力距离小的文化中，人们往往会直呼其名，没有太多不必要的排场，男女在社会工作中担任的职务也相对平等。在品牌文化传播中，我们需要审慎考虑所在国文化体现出来的权力距离，避免错误使用权力符号。例如，印章在中国文化中代表传统与文化，也是信用、承诺的象征（印信）。但对于其他文化来说，印章可能代表着权威、权力、控制。

另外有研究者通过实验发现，较小权力距离文化背景下的消费者更喜欢具有较强情感诉求的产品，而较大权力距离文化中的消费者更喜欢具有较强认知诉求的产品。因此，营销人员需要在权力距离的基础上，针对不同文化背景的消费者定制不同的营销计划。

2）不确定性规避

不确定性规避，指的是一个社会对其所感受到的不确定性情景所带来威胁的许可程度，其核心原则是未来的不确定性。在高不确定性规避的社会文化中，社会成员倾向于建立正式的规则，不容忍偏离正统的观念和行为，追求一致性。相反，在低不确定性规避的社会文化中，人们易于接受生活中的不确定性，能够容忍与众不同的事物，并不会产生威胁感。

在市场竞争中，低不确定性规避的社会的人们勇于面对风险，较少被未知性束缚手脚；而高不确定性规避的社会成员则喜欢按照既定的议程设置开展工作，喜欢循规蹈矩。如果一家企业在低不确定性规避的市场可以风生水起，那么在进入高不确定性规避的市场时，就需要考虑调整自身的宣传策略，反之亦然。雷尼达斯（Leonidas）等学者于2011年通过对比英国与希腊的杂志广告发现，英国（低不确定性规避）广告更注重感性幽默，从而更具娱乐性，而希腊（高不确定性规避）广告更多地使用认知型幽默，以提供可靠的信息。

此外,有研究表明,不确定性规避也会对品牌的产品策略造成影响。当企业进行品牌延伸时,不确定性规避的程度会影响消费者对延伸产品的评价。在低不确定性规避市场,消费者对延伸产品与原产品的相似度不甚关注,品牌名称是影响消费者对产品态度的主要因素。而在高不确定性规避市场,消费者对相似度较低的延伸产品的态度的形成则更多取决于产品质量本身带来的体验质量,此时品牌名称不再是主要影响因素。

3) 个人主义与集体主义

个人主义和集体主义主要是描述一个特定社会中个人与群体之间的关系。在文化的维度上,个人主义与集体主义宛如两个端点,一端是以自我为中心,另一端则是以集体为中心,这构成了评判文化差异的重要尺度。在个人主义国家,社会成员更看重个人权利、责任、隐私、自由等,强调独立而非依赖,鼓励竞争而非合作。而在集体主义国家,社会成员更加看重社团集体、合作、共同利益等,注重群体内界定的社会责任与规范,强调群体共享的信念。

在不同社会关系的文化中,人们的购买行为、商品信息的获取渠道乃至相对应的营销行为均会有很大差异。科特勒指出,集体主义文化中,一般倾向于避免使用直接竞争广告,因为消费者一般不把广告作为主要信息来源,而是依赖其他人或者其他非人来源获取信息。例如父母对消费者购买行为无意识的影响是非常显著的,近40%的家庭所购买的汽车保险与丈夫一方父母的选择相同。也有研究者发现,集体主义和个人主义也影响了品牌广告的一些表现形式,广告中的集体主义和个人主义诉求与广告所在国家一致。在美国的万宝路广告中,画面主要是一个牛仔的形象,而在集体主义国家发布的广告中,出现的牛仔以两个人以上的画面居多。

4) 阳性主义与阴性主义

阳性主义与阴性主义这两个术语,被用来描述社会中推崇和展示的男性或女性特征,也有学者用"事业成就"与"生活质量"这两个词来分别对应阳性主义和阴性主义的特点。许多阳性主义或阴性主义的行为是后天习得的,并且根据相应的社会准则和文化进一步调整。

抱有阳性主义文化的国家中,普遍认为男性应当刚毅自信,具有野心,崇尚对社会地位与物质的追求,会根据两性的生理差异安排不同的社会角色。而在阴性主义文化的国家,强调行为的培养与男女之间的平等关系,认为人们应该相互依赖,对不幸者抱有更多同情心。

男性与女性对营销信息的反映是不同的,因此营销人员应当明智地将男性与女性都当作目标顾客,并且在营销方式中有所区分。在一些崇尚阴性主义文化的国家,商家比较注重开发以女性为目标的新产品,比如说女士营养麦片与增白牙膏等。

5) 长期取向与短期取向

由于搜集的数据具有明显的西方偏见,霍夫斯泰德对自身研究进行补充与纠正,提出了一种新的价值倾向判断标准:长期取向与短期取向。这种两极价值导向维度与儒家思想有密切关联,因而又被称为"儒家动态模式"。

在长期价值取向的国家,社会成员更重视社会秩序,注重长远目标。而在短期价值取向的国家中,社会成员通常对社会地位并不十分看重,更追求自身需要的快速满足。

3. 价值观导向

文化人类学家克拉克洪(Kluckhohn)和斯托特柏克(Strodtbeck)用价值观导向来讨论人类社会的文化模式,即某个文化中的社会成员认为什么才是重要的,以及如何度过自己的人生。他们发现,所有人都根据自身所处的文化来回答诸如人的本性、人与自然的关系、人对待时间的倾向、人的行为价值观、人与人之间的关系等5个基本问题。爱德华·霍尔(Edward Hall)与汀·图梅(Ting Toomey)也分别从自己的研究视角提出了高低语境导向、面子和脸面工作2种文化模式作为补充。

以上几位学者与霍夫斯泰德都是在人类的文化中发现有意义的价值观导向,因此会有不少特征与霍夫斯泰德的分类存在相互重叠之处。

1) 人的本性导向

人的本性问题是长久以来困扰哲学家的一个问题,即使在同一种文化中,对人性善恶的看法也不尽相同。例如,孔子认为"性相近也,习相远也",没有给人性贴上善恶的标签;继承孔子道统的孟子却认为人性本善;而同为儒家宗师的荀子则认为人性本恶。大多数关于人性的讨论将之分为人性本善、人性本恶和善恶兼具三种。总体来说,大多数基督教与伊斯兰教倾向于人性本恶,因此需要通过自我约束来防止堕落,期待救赎;道教思想从阴阳的角度认为人性善恶兼具,许多欧洲人对人性的认识也具有两面性;而佛教和儒家对人性本质的认识非常乐观。

关于人性本善还是本恶的观点会给社会的政治、经济、文化、制度带来深远影响。如西方三权分立就是建立在人恶论的观点之上,孟德斯鸠因此提出,一切不受约束的权力必然导致腐败。对人性善恶的观点也会影响世人对利他或利己的看法。在利他主义的文化中,倡导奉献、为公、扶助爱护他人的品牌文化能够得到广泛的认同;而在利己主义的文化中,奉行个人成功、释放天性、享乐的品牌文化会更有市场。

2) 自然导向

对人与自然关系的不同观点也就产生了解释人类欲望、态度和行为的不同参照框架。克拉克洪和斯托特柏克发现世界上存在 3 种主要的观点:人类从属于自然、人类与自然和谐相处、人类控制自然。

近年来,自然环境的恶化及其给人类社会带来的负面影响,使越来越多的人意识到人与自然和谐相处的重要性,西方文化中也越来越多地出现对征服、破坏环境等行为的反思。因此更多品牌在文化中融入可持续发展理念,同时生产与营销中的环保行为也更多地受到消费者的认可。

3) 时间导向

时间与生命有着无法分割的联系,因此人们对时间的观念其实是对生命理解的映射。人们有关时间的观点对于许多心理过程具有重要的影响,从情感、动机、行为到创造性解决问题的方式等。

不同文化中的人们对于时间的导向会有所不同。有持过去取向的,他们都强调传统、尊重历史,对过去悠久的历史文化充满自豪感。有的文化持有现在取向,强调享受当下的生活,行事更加贸然冲动,生活方式更加随意,对待时间的态度也更随意灵活。还有的持有未来取向,非常重视将要发生的变化,更愿意把握机会,对未来抱有乐观主义。

人们对于时间的观点还存在单维与多维(是否在同一时间内多线程地处理多件事情)的区别。单维时间文化认为时间是线性的、可分割的稀缺资源,必须通过合理的计划对其进行合理分配、严格控制。如在德国、美国、瑞士等国的人们喜欢按照制订好的计划办事,强调准时、有序。而多维时间文化背景下的人们视维护关系为首要重任,因此应当灵活机动地使用时间,以便于合情合理地顾及应该关照的人和事。亚洲、拉丁美洲文化均属于多维时间的文化。

以上时间取向，无论是怀念过去、及时享乐，还是把握未来；无论是按部就班，还是灵活机动，都体现了对时间的高度重视，只是各自的侧重点有所不同。品牌文化在跨文化传播中应当注意使自身特质与准备进入的文化对时间、生命的态度保持一致，否则很难取得当地文化的接纳和认同。

4）行为导向

行为导向，即文化对行为的看法。克拉克洪和斯托特柏克对行为导向的分析体现了不同文化对当下的行为与时间、生命意义的观念之间的纠缠，我们不难发现其与时间导向之间存在某些呼应关系。3种行为导向分别是：当下的存在导向、未来的存在导向和实干导向。

当下的存在导向与时间的现在取向有着明确的对照关系，它强调活在当下，注重此时此刻的感受。实干导向文化更看重行动的价值，主张先做后说。而未来的存在导向文化强调行为的发展与成长的观念，认为此时的行为是为将来铺垫，因此会投入大量时间进行冥想和沉思，并乐于行善积德。

5）社会关系导向

社会关系导向的维度分类包括：威权主义、集体主义和个人主义，这与霍夫斯泰德的分类较为相像，此处不再赘述。

6）语境导向

语境，即"围绕事件的信息"，与事件的意义具有密不可分的联系，是理解意义的必要条件。爱德华·霍尔通过认知和交际来研究文化异同，把文化分为高语境文化和低语境文化两种。在这两类文化中，语境和语言在交际中的地位和作用是截然不同的。

高语境文化，主要依靠语境传达信息。大多数信息包含在风俗习惯、价值观和社会公理等预设的信息传达程序之中，只有很少一部分信息是经过编码的方式清晰地传递出来。高语境文化更常见于传统文化中，且很少随着时间的流逝而发生变化，这使得人们在日常交流中既不需要也不期待详尽的背景信息。此外，高语境文化更依赖和喜爱非语言交流，很多微妙的信息都通过间接的方式含蓄表达。

低语境则与之相反，在交流中注重语言表达的逻辑性，而对语境的依赖程度很低。在低语境文化中，人们之间的同质性不高，共同经历的缺乏导致他们在每次交际中都需要详尽的背景知识与清晰的表达。他们往往说得更多、更快,声音更高。

高低语境文化的这些差异,使企业在进行品牌传播时采取不同的策略。西方(低语境)企业更愿意在广告中采取认知策略,传达品牌在行业内的领先度;而东方(高语境)企业,则更经常在广告中采取态度策略,包括宣传品牌形象,提供情感性产品信息,使用场景与唤起共鸣等。

7) 面子和脸面工作

对东方人来说,"面子"是个非常容易理解的概念,它意味着更好地向别人展示自我,是自尊与社会尊严的体现。"脸面工作"则涉及面子的建构与交际传播。

面子和脸面工作会受到不同文化价值观的影响。个人主义文化中的人更关心保全自己的面子,面子的得失常常取决于个人的努力而与他人无关。而在集体主义文化中,人们非常重视建立和维持团体内部人与人之间的和谐关系。面子的获得和失去与荣誉、尊严、信任、权威、自豪感等密切相关。在集体主义文化中,相互留面子有时比保全自己的面子更重要。

在跨文化传播中,这些不同的交际方式有可能导致困惑、误解,甚至产生敌对行为。在个人主义文化中,采用委婉的方式传播品牌文化有可能适得其反,让消费者认为品牌不够优秀而缺乏自信。而在集体主义文化中,过于直白的品牌文化传播则可能显得肤浅、鲁莽和缺乏底蕴。

第五章　品牌与视觉文化符号

一、视觉文化符号

1. 符号

符号学创始人弗迪南·德·索绪尔(Ferdinand de Saussure)提出,符号是能指和所指联结所产生的整体。其中,能指是指"声音形象",所指则是指声音形象所表达的概念。符号是一种用来指称和代表其他事物的象征物,也是一种用来承载信息的载体。符号与被反映物之间的联系,通过意义来实现。

符号是人类与外界进行沟通交流的有效方式。离开了符号,人类将难以向他人描述事物,更难以传递情感或思想。索绪尔发现,人类社会在沟通时会有意无意地使用符号,这些符号具有明显的共性,能够不同程度地代表、反映所要表达的对象。想象一下,如果没有"桌子"这个共同认知的符号,我们该如何描述这种事物呢?"一个用木头做的,长方形的,上面可以摆放碗、盘子,或者可以在上面写字画画。"一句简短的描述中便出现了多个符号,没有这些符号,世界会变得混沌不清、难以名状。因此,人类的文化无法离开符号,可以说是符号的文化。

德国哲学家恩斯特·卡西尔(Ernst Cassirer)指出,"人是符号的动物""人类生活中最富于代表性的特征就是符号化的思维和符号化的行为"。他认为,所有在某种形式上或在其他方面能为知觉所揭示出意义的一切现象都是符号,尤其当知觉作为对某些事物的再现或作为意义的体现,并对意义做出揭示时,更是如此。奥斯瓦尔德·斯宾格勒(Oswald Spengler)也认为符号是人类思维和语言的基础,是人类文化的核心。

索绪尔认为语言符号系统在所有符号系统中最为重要,但卡西尔认为语言符号只是符号系统中的一个子系统,要从包括神话、宗教、艺术、历史在内的更广泛的符号系统出发,才能真正理解符号的意义。符号最根本的特点是间接性,它直接诉诸知觉,却代表深藏于背后的意义。不过,法国符号学家罗兰·巴特(Roland Barthes)认为,不是所有的符号都具有这种深藏的意义,只有符合二级符号系统特征的符号,即在将第一系统的符号变成第二系统的能指时,才带有内涵性质(见图5-1)。例如,"钥匙"的所指是开锁工具,对应"打开一个封闭空间"这一符号。只有拥有相应钥匙,才能拥有对这个封闭空间的掌控权。拥有越多钥匙,也就拥有了更多资源处置的权力,因此钥匙在第二层符号系统中被延伸为"权力","交钥匙"也就意味着权力的让渡。

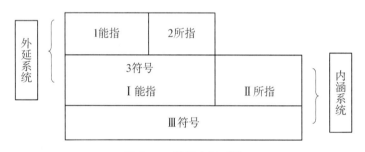

图5-1　符号内涵系统

符号包括语言符号和非语言符号。语言符号由音、义结合构成,"音"是语言符号的物质表现形式,"义"是语言符号的内容。其形式包括口头语和以书写符号文字形态出现的书面语。非语言符号则包括动作性符号、音响符号、图像符号、目视符号(地图、曲线、绘画等),不以有声语言和书面语言为载体,而是直接刺激人的感觉器官的各种符号。

语言符号和非语言符号的传播有不同的特点。语言符号是单一和线性的传播方式,无论是在阅读还是和人说话时,我们都只能按照顺序一句句地接收和传达信息,无法同时进行多句或打乱顺序进行。此外,语言符号具有任意性,语言中语义和声音结合是偶然的,就像英文表达桌子用的是"table",而中文用的是"zhuō zi",不同的方言也有不同的发音方式。

相比之下,非语言符号却是非线性的。当观众观看一幅画时,他们无须像阅读那样按照既定的顺序从左到右、从上到下,而是可以从画面的任意位置开始,视线在画面上任意游走。当然,通过科学合理的视觉设计,我们可以引导观众的视觉流程,分层次地传递信息。非语言符号还具有一定通义性,要理解语言符号需要经过专门的学习,而对非语言符号的理解几乎不需要这样的专门教育,如对于微笑与愤怒的表情,不同国家与文化背景下的人们都能有相似的理解。艺术家徐冰依据视觉符号标识完成的《地书》,就是一本几乎所有现代人都可以阅读的视觉语言。此外,非语言符号还可以实现多渠道互动和叠加,从而营造出更具沉浸性的传播效果。2003 年,徐冰从口香糖包装纸上的环保图案中获得灵感,开始创作《地书》。该作品一开始是平面标识符号的结合,到后来逐渐发展出立体书《地书》、动画片及概念商店、城市模型等多模态的视觉作品(见图 5 - 2)。

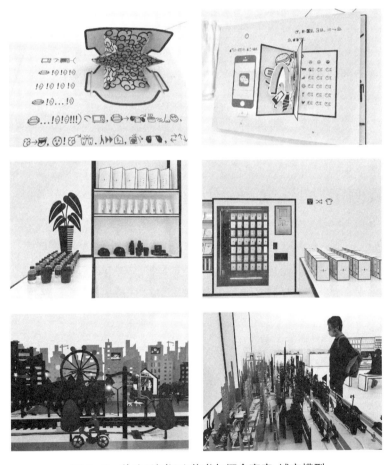

图 5 - 2　徐冰《地书》立体书与概念商店、城市模型

克瑞斯(Kress)和凡·勒文(Van Leeuwen)基于系统功能语言学创始人韩礼德(Halliday)所提出的三大元功能:概念功能、人际功能和语篇功能,构建了一个以再现意义、互动意义和构图意义为中心的视觉语法理论框架。其中,再现意义通过图像中的人物、环境及地点与事件的关系来体现;互动意义解释了图像如何与观众产生互动,主要从接触、距离、视角三个方面实现;构图意义则分析图像中视觉符号的"语法"组织,体现多模态语篇构建的整体性。视觉语法的出现使得对非语言符号的研究更有据可依。

2. 文化符号

文化是一种模式化了的符号交互作用系统,它是由文化内蕴所决定的。处于同一种文化中的人们对于符号会有着共同的认知与理解。而从另一个角度说,来自不同文化背景的人们难以共享一种通用的文化符号系统,这是他们进行相互交流时一个难以消除的理解障碍。比如中国书法,每个中国人见到它后就能从文字的功能性之外理解它的审美意义。即使是不怎么认识字的老农,他或许无法阅读一篇龙飞凤舞的行书,但也能够感受到它所承载的中国传统文化意蕴,绝不会将它误认为是某种外文。再扩展一步说,由于文化的同源性,不少日本人与韩国人也能够欣赏中国书法的笔墨韵味,而这种书法艺术对于非中华文化圈的人来说是难以理解的。文化在不断发展与演化,因此承载文化的符号载体在代代传承的同时也无时无刻不在发生着变化。两千多年前,中国人以篆书作为主要的文字。随着时代的不断发展,中国文字也经历了隶书、草书、楷书、行书等发展阶段的变化,并将继续演进下去。文字的变迁只是文化符号演变历史中的一个缩影,而神话故事、传说、艺术等非语言符号形态也都在不断地演变着。文化的传承与创造是以符号为媒介的,没有符号也就没有了人类文化。

文化符号就是能够承载文化意义的符号,是一个民族、国家或地区长时间沉淀下来的文化资源的凝结式标识,是一个民族、国家或地区物质文化和精神文化的精华。

文化符号关乎知名度、美誉度和文化自信,是话语建构的重要载体,在信息传播、共识达成、身份建构、形象塑造等方面都发挥着关键作用。中国当前将提升国家文化软实力放到国家战略的层面,将其作为促进文化自信自强的重要方面,而文化软实力的提升与建构文化符号有着莫大的关系。所谓"中国文化符号",就是能代表中国文化的突出又具高度影响力的象征形式系统,文化软实力正是通过文化符号表现出来的。当然,"中国文化符号"不能止步于中国历史上曾经创造的辉煌符号,更重要的是创造出在当下具有深远影响力,甚至能够引领未来的文化符号。

　　文化符号对于品牌文化的传播也有着重要作用,尤其是在跨文化进行品牌文化传播时,文化符号选择失误、传播策略不当有可能会给品牌带来灾难性后果。2003年,丰田汽车为了宣传旗下汽车,将"普拉多"更名为"霸道",并在当时极有影响力的汽车杂志上发布了这款即将国产的汽车宣传广告,却没想到因为文化符号选择严重失当,将丰田品牌推上了风口浪尖。其"霸道"品牌的汽车广告中,出现了两只含有中国文化意蕴的石狮。其中一只低头垂首,另一只做出敬礼的动作,广告语配文"霸道,你不得不尊敬"(见图5-3)。广告一经刊出立刻引起轩然大波,甚至有人直指这两只石狮特别像卢沟桥上的石狮。卢沟桥上的石狮子见证了中国历史的沧桑巨变,卢沟桥事变更是当年日军全面侵华的标志。这样的品牌广告不仅没有引起好的反响,反而激起了国人的愤怒,为了平息"霸道门"事件,丰田不得不把"霸道"重新改名为"普拉多"。受到这一事件影响而陆续更名的还有兰德酷路泽(陆地巡洋舰更名为兰德酷路泽,是另外一个在广告中误用文化符号的例子)、凯美瑞、雷克萨斯等丰田旗下品牌。

图5-3　丰田"霸道"争议广告

3. 视觉文化符号

视觉文化符号绝不仅仅是文化符号中的视觉部分,还是人类思维范式的一种转换,标志着一种文化形态的转变和形成。现代媒体技术的巨大发展及消费主义的盛行,促使文化领域正在进行着一场天翻地覆的变化。人们开始很少能静下心来阅读一本书,而是更多沉溺在视频、影像、游戏构筑的视觉文化世界里。

美国新马克思主义理论家弗里德里克·R. 杰姆逊(Fredric R. Jameson)在其《后现代主义或晚期资本主义的文化逻辑》中指出,消费社会乃是视觉文化的温床。在消费社会,人们对消费的需要超越生产成为人类生活的核心要素,而文化在现代媒体技术的赋能下实现可批量生产,并可以形成产业体系,这种产业体系是为了获利而向消费公众大量销售的,由此文化成为消费主导的生态系统,而商品消费与形象的内在联系使得消费社会必然趋向于视觉文化。视觉文化符号的生产、流通和消费在文化中超越了语言文化(无论是数量上还是影响力上,但不一定是质量上)且占据重要地位。丹尼尔·贝尔(Daniel Bell)在《资本主义文化的矛盾》中指出,视觉文化符号将不可避免地约定审美,主宰公众。

很多人会感慨古代遗留下来的文化遗产之丰沛、艺术之精美,当今已经很难再产生如古人所倾尽心力创作出来的艺术品了。事实上,当人类社会步入工业化时代,当包豪斯从适应现代工业社会的角度提出极简主义、功能至上的理念,当消费超越生产,当人工智能能比人类更高效地进行艺术生产和设计创造时,这一切就已经被注定并将不断延续下去。哲学思想、文化艺术的发展并不和政治经济、科学技术的发展同步,政治更迭频繁、战火纷飞的时代却往往是文化思想大爆发的年代。就比如中国的战国时期与魏晋南北朝时期,是中华文化高度发展的两个时代。人民在痛苦中追索生命的意义,并在宗教中寻求精神的抚慰。艺术成为人们追求精神满足的一种自然表达手段,无关功利。正如布拉格圣维特大教堂用了近 600 年才修建完成,无数建筑师呕心沥血、前仆后继,将这座教堂雕琢成无比精致的建筑艺术品。

人类在创造文化的同时,文化也在塑造人类自身。马克思提出"艺术创造出能懂得艺术消费的大众",这句话点明了视觉文化对于人类生活方式的反作用力。视觉文化符号不仅由大众创造,也同样塑造着大众的审美、认知、理解,乃至与世界交互的方式。伯明翰学派"文化主义研究"学者同样认为,视觉文化的发展将极大地影响人们共有的模式化行为和思想。

视觉文化符号远比语言符号更加具象、直观、感性。如前文所述,视觉文化的成长是伴随着传媒科技的进步而发展起来的,新媒介无论在信息的承载量还是传输速度上都远超传统媒介。因此,与语言符号相比,视觉文化符号包含更大的信息量,可以在简短的符号单元中容纳更丰富的信息层次与细节。通过视觉文化符号可以高效地传递出个性化的含义。这一组为白酒品牌"竹林醇"而作的"竹林七贤"主题人物插画,一反常见的中国传统水墨形式,而采用了矢量绘画的方法,通过色块的渐变、透叠组成一个个看似人物实则造型松散的形象,或饮酒或抚琴或高卧,洒脱之中透着不羁(见图5-4)。该插画既符合传统对于"竹林七贤"形象的理解,又增添了鲜明的现代审美特征,不仅能作为艺术创作进行欣赏,也可以用于品牌形象的传播。

图5-4 "竹林七贤"插画,作者方程

在现代社会,如果不懂得视觉文化,不会运用视觉文化符号进行表达与沟通,也无法有效解读视觉文化符号,就会导致与社会脱节,甚至成为阿尔文·托夫勒(Alvin Toffler)在《第三次浪潮》中所说的"影像文化文盲"。

4. 编码与解码

当代文化研究之父、英国社会学家斯图亚特·霍尔(Stuart Hall),从语言学、符号学、结构主义的角度入手,提出了"编码/解码"理论,认为意义不是传递者"传递"的,而是接受者"生产"的,从而在传播关系的主体间重构了受众观念。霍尔指出,编码是人们的意识形态对于文化内容的复制,而解码则是接受者把这种固化的意识形态进行再次的创造,有时甚至会进行反思与反抗。

霍尔认为,传播过程由四个阶段构成。

第一阶段:信息的传播者对原材料进行加工,即进行编码,为话语"意义"的生产阶段。编码包括信息的建构与符码化,信息建构是组织信息与设计信息的过程,符码化则是使信息符合特定语言的规则,如用乐谱记录下音乐家心里的旋律。

第二阶段:成品阶段,"意义"经由传播者嵌入文本内容后,语言和话语规则居于主导地位,比如一段电视节目就是编码的成品。

第三阶段:受众根据自身的知识结构、文化背景、社会经验等对文本进行解码,但由于传受双方编码和解码的规则不同,受众会对内容作出不同的解码。一般来说可能存在三种不同的解码方式:统治—霸权立场、协商立场和对立立场。

（1）统治—霸权立场:受众在编码者设定的框架内进行解读,并认同主导的意识形态。

（2）协商立场:受众既接受一定的主导意识形态,又保留自己的独特权力。

（3）对立立场:受众采取与主导意识形态完全相反的策略,根据自己的经验进行全新解读。

解码分为"表层解码"与"深层解码"。"表层解码"是对符码的外延层次解码,通过这种"自然化"的符码,受众很容易理解它的含义。例如,观看《舌尖上的中国》就能理解中国美食的丰富与美味。相较而言,图形、图像等视觉语言比文字语言更容易进行这个层次的解码。"深层解码"则与社会中更为广泛的意识形态领域拉上关系,是促使权利和意识形态在各种特殊的话语中表达意义的途径。

第四阶段:受众产生了新的意义解读,甚至生产出新的文本,这构成了再生产的过程。传统文学中的典故与网络流行中的"梗"、弹幕等都属于受众的再生产。

艺术史家迈克尔·巴克森德尔(Michael Baxandall)在其著作《15 世纪意大利的绘画与经验》中提出"时代之眼"的概念,并从艺术审美的视角对编码与解码的过程加以探讨。他认为，"眼睛是一个社会建构的器官"。一个人在一个具体的图像中看到了什么，以及如何理解这个图像，这主要取决于一个人所具备的视觉经验、解释方法和知识素养，而这些因素，又在很大程度上受到文化和社会经验所影响。例如，在文艺复兴之前，欧洲画家手中的蓝色色料只有埃及蓝（一种低纯度的蓝色），而这样单一的蓝色色料难以为画家提供丰富的表达空间。到了文艺复兴时期，画家们有了更多的选择，他们主要使用的蓝色色料有三种：群青、蓝铜矿及大青。其中，群青色料来自中亚巴达赫尚地区的稀有青金石。自埃及文明时期开始，青金石就作为半宝石被广泛应用，而当它被用作色料时，一度与黄金等价（见图 5-5）。但在当代观众眼中，这样的特定色调并不会引起特别的注意，因为它对他们来说没有任何特殊意义。此外，同一图像在不同的文化和社会经验中，可能会出现多种完全不同的理解。

图 5-5　埃及壁画与帕多亚阿雷纳礼拜堂壁画（乔托）

布尔迪厄同样指出：艺术作品本质上是一种编码，其意义取决于不同层次的感知者所拥有的、从社会中获得的解码能力。只有当作品的编码与观众所持有的解码相匹配时,才会实现成功的接收。值得一提的是,在任何一个编码与解码的过程中,都会受到一种深刻的无意识的影响。无意识,就是历史——产生我们的思想范畴的集体历史,以及这些范畴如何被灌输给我们的个体历史。

从以上论述中我们可以发现,受众对内容的解读是最重要的阶段,但也是传播者所无法控制的阶段。每一个信息的接受者都有可能根据自身的立场、经历、知识结构、解码的情境,以及与传播者之间的关系作出五花八门的解读,正如"一千个读者就有一千个哈姆雷特"一样。艺术作品或许乐于见到这种结果的不确定性,希望每个人都得出不同的感受,但对品牌文化的传播来说,过多的不确定性往往会带来不良的后果,使得品牌营销的结果难以预测,甚至引发品牌形象危机。因此,品牌在编码其文化时,无论是对精神理念的提炼还是视觉符号的选取,都需要非常谨慎,尤其要尽量避免不同文化中的禁忌因素,或在进入不同文化的市场时进行针对性的调整。

品牌增加与消费者之间的互动及建立消费者社群,除了能促进品牌与消费者的情感连接之外,从另一个角度看,也是在增加对受众解码阶段的影响力。在互动的过程中可以增进双方的沟通、理解,营造更有利于品牌的界面情境,促进良性的受众再生产,从而得到良好的解码结果。

二、企业形象识别与视觉文化符号

1. 企业形象识别系统

企业形象识别系统(corporate identity system,CIS),是企业最为重要的文化资产,它将自身与其他品牌区隔开来。CIS指的是企业有意识地将自身特征向社会公众展示与传播,并期望在公众心中塑造一个标准化的企业形象,以区别于其他企业,从而在纷杂的市场中更容易被识别并树立良好的品牌形象。

CIS是企业将经营理念、宗旨等凝练而成的独特企业文化符号系统。这套系统能够利用符号的象征与指代作用,丰富品牌文化内涵,引导消费者对品牌形成积极、正面的认识,发掘品牌的独特文化价值。如果品牌的这种文化价值与消费者的价值观相吻合,能够满足或引导消费者的精神文化追求,便能够减少消费者的焦虑感和距离感,帮助其对品牌产生认同,实现消费者与品牌之间文化、情感的共鸣。罗兰·巴特在拓展"符号"的内涵时也发现,品牌的符号价值或象征意义在营销中对消费者的购买偏好起到正向引导作用。

2. CIS 的组成

CIS 系统包括三个部分:

(1) 理念识别(mind identity，MI),它属于企业文化的意识形态范畴,旨在确立企业独特的经营理念,包括企业精神、价值观、经营宗旨、市场定位,以及对社会责任的态度和企业发展规划等。

(2) 行为识别(behavior identity，BI),是以经营理念为基石,对内建立完善的组织制度、管理规范等,对外则透过公共关系、营销活动等方式来传达企业理念,从而塑造企业文化。

(3) 视觉识别(visual identity，VI),它以标志、标准字体、标准色彩为核心,构建一套完整、系统的视觉传达体系。该体系将企业理念、文化特质等抽象语义转换为具体的视觉符号,从而塑造出独特的企业形象。

3. CIS 的核心——标志（logo）

现代商业品牌生产了大量文化符号,尤其是视觉文化符号,如耐克的弯钩、苹果公司的苹果标志。相较于抽象的语言符号,视觉符号能承载更多信息。视觉是人和动物最重要的感官,通过视觉接收的信息可占 80% 以上。这些视觉文化符号为消费者提供了鲜活的记忆锚点,当消费者回想某个品牌时,这些视觉符号往往是最先浮现在脑海中的元素。其中,商标是最为核心的视觉元素。因此,日本广告人中山静认为,品牌通过宣传商标来达到销售的目的。

例如,谷歌的商标"Google"是由规范的字母书写组成的特定单词,虽然其字体风格也经历过一些变化,但总体差异不大。不过每逢重要节日或重大历史事件,谷歌就将其 logo 融入创意设计,这些 logo 的设计者有谷歌程序师,有艺术家,还有包括小学生在内的热爱谷歌文化的人们等。这些多样化的设计风格充满趣味,赋予谷歌品牌更丰富的内涵,仿佛是"谷歌借助徽标向其受众俏皮眨眼"(见图 5-6)。

图 5-6   Google 徽标

2009 年弗朗索瓦·阿洛(François Alaux)执导的动画短片《商标的世界》
获得第 82 届奥斯卡最佳动画短片奖。影片讲述了一个完全由商标构成的花花
世界。在短片中,所有角色乃至动物、建筑、植物、交通工具,甚至整个银河系都
是由商标符号构成的。短短 17 分钟的动画里,3 000 多个商标共同演绎了一个
奇妙的世界。这其实就是现实世界的翻版,我们生活中的方方面面几乎均被各
种商业品牌所覆盖。任何一个为观众所熟知的商标背后,都有一个具有巨大影
响力的商业帝国,人们难以摆脱它们的影响或控制,而没有商标的产品则难以
在人们的心智中占有一席之地(见图 5-7)。

图 5-7   奥斯卡最佳动画短片《商标的世界》

4. 标志的设计原则

作为一种重要的视觉文化符号,标志的设计应当遵循以下原则,以更好地

承载信息与意义。

1）可识别性

什么样的标志是具有可识别性的？

第一，它应当具有独特性且特征鲜明。研究发现，平均每秒钟我们面前会流过多达1400万条信息，而我们能够注意到的只有不到30条。这些纷繁复杂的信息中，只有特点鲜明、容易辨识的标志才能够脱颖而出，被公众所铭记。

第二，标志应当符合行业、领域的气质与特点，且寓意准确。如本章第一节中罗兰·巴特所述，带有内涵性质的符号需要符合二级符号系统特征。因此，在设计时选择的第一级符号应在第二级系统形成新的所指，且所指与行业之间应具有清晰、明确的关联，以易于产生联想。例如，耐克标志是一个弯钩，如同一道迅捷的闪电。弯钩与闪电就是一级符号系统中的能指与所指，而闪电很容易让人联想到使用耐克产品后所产生的速度和爆发力，这速度与爆发力就是该符号的二级所指（见图5-8）。

图5-8　耐克 logo

2）形式简约

简约不等同于简单，标志图形在简约中也可以蕴含丰富的细节与种种变化。标志的形式简约可分为以下情况：

（1）造型简约。

造型简约指的是标志图形由简洁的造型构成，通常是一个简单的个体而非多个图形复合而来。简单的几何形或经抽象化加工后的具象图形都具有造型简约的特点。如苏宁易购的 logo 是一只抽象简洁的雄狮，可爱且具有可识别性，让人很容易记忆和识别（见图5-9）。

当然，造型简约并不意味着标志在使用中一定会以单调的形象出现。简约的外轮廓往往为标志提供了进行更复杂演化的空间。以俄罗斯雅罗斯拉夫尔

图 5 - 9　苏宁易购 logo

2012 年发布的城市标志为例,其主要图案是一个简约的箭头,设计灵感来源于伏尔加河和科特罗斯河在雅罗斯拉夫尔交汇这一地理特征。同时,这个图案也是雅罗斯拉夫尔俄语名称 Ярослáвль 首字母的"Я"的艺术化处理。但在实际使用中,雅罗斯拉夫尔的城市标志并不限于简单的箭头形式,而是具有非常丰富的变化形态,以适应各种不同情况的需要,并深刻反映出雅罗斯拉夫尔的文化特质(见图 5 - 10)。

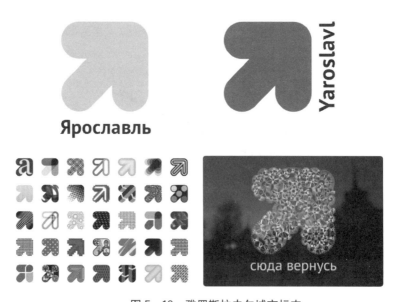

图 5 - 10　雅罗斯拉夫尔城市标志

(2) 结构简约。

有些标志的造型一点也不简洁,甚至非常复杂,但仍不失为一件优秀的标志设计作品,因为它们符合简约的特性——结构简约。当多个单体图形以简约的结构组合在一起时,虽然细节丰富,但观看这个标志时,我们往往会忽视任何一个单体,而关注它的整体结构。例如,法国国家公园的标志,由成百上千种动植物的剪影组成一个螺旋形,其中任何一个单体都是具象写实的,是国家公园中丰富多彩的生物的掠影,但落入我们眼中的就是一个整体的螺旋,它如同地球上的气旋,象征着生物之间的相互关联与影响,以及它们共同的命运(见图5-11)。

图5-11　法国国家公园 logo

　　哥本哈根气候大会第15次会议的标志是另一个极端但优秀的案例。标志由无数根线条交织而成,形成了一个带有立体感的圆形。这些线条的穿插组合看似没有规律,复杂到难以描摹,然而,它们所形成的是一个完整的圆,圆形是所有图形中最简约的结构,从中心到边缘任何一个点的距离都相等,每一个点所受到的知觉力也相同。这个蓝灰色的球体不难让人们联想到地球,这个表面超过70%的面积被水覆盖的星球。标志边缘的微微起伏也很容易让人联想到水面。其中线条的交织错落,寓意着全球气候的相互影响,正如"一只南美洲亚马孙河流域热带雨林中的蝴蝶,偶尔扇动几下翅膀,可能会在两周以后引起美国得克萨斯州的一场龙卷风"。更进一步的是,在会议宣传中,这种蓝灰色线条可以组织成任何一种图形,并能有效地唤起人们对该会议的联想。由于线条本身并无规律,因此可以任意演化(见图5-12)。

　　(3)元素简约。

　　还有一种情况,标志由复杂的单体组成,且并未形成简约的结构关系,但仍有可能符合简约的特性,即构成标志的元素简约。很多以文字形成的标志都符合这一特点,如可口可乐标志,整体以复杂的手写体字母组成,文字之间还相互

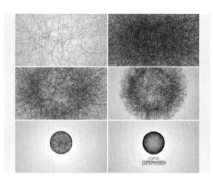

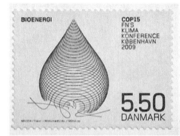

图 5 - 12　哥本哈根气候大会第 15 次会议 logo

穿插,其造型和结构均比较复杂,但是其字体风格统一,整体视觉效果仍然具有简约性(见图 5 - 13)。

图 5 - 13　可口可乐 logo

3) 意蕴丰富

标志是一个品牌的代表性符号,不仅传达品牌核心理念,还便于受众的记忆与联想,进而增强受众对品牌的好感度等。因此,标志应当包含丰富的内涵与良好的象征意义,并且符合其文化导向的价值观。然而,为了提高标志的传达效率与可识别性的需要,标志又必须简洁直观。这就要求在设计时精心挑选行业、产品、文化中的典型性视觉符号,并尽可能实现一图多意。即使是像耐克这样极简化的标志,除了象征速度与爆发力外,其两侧刀刃形的弯钩还暗指希腊胜利女神翅膀上的羽毛,从而兼具动感与轻柔等多重含义。

上海交通大学新加坡研究生院(SJTU‑APGI)是经教育部批准,率先在海外设立的研究生教育机构,成为中国教育界拓展海外教育市场的一次新尝试。该院以打造世界一流的精品海外校园为目标,以国际化人才培养和前沿交叉研究为特色。其使命是成为上海交通大学汇集国际学术大师、培养国际领军人才的海外育人基地,聚集全球智慧、探索前沿科研的创新重镇,成为展现交大形象、传播中华文明的重要窗口。

2019 年,新加坡研究生院委托笔者为其设计标志。在进行设计之前,笔者先从几个角度考虑了设计方向,并最终选择了能代表上海交通大学新加坡研究生院的象征性视觉元素符号来开展设计。新加坡又称狮城,鱼尾狮是其象征性雕塑。同时,狮子雕塑也是上海交通大学的标志性符号之一,而猛兽也常被国际大学用作校徽,象征着励精图治、追求真理的精神。因此,设计方案以两头狮子与中间主体物共同构成标志。

被两只狮子拱卫在中间的主体物,由形似 APGI 的三部分组成。顶部 A 如同山峰/屋脊/里程碑,象征新加坡研究生院要建立世界一流的精品海外校园,创造出里程碑式的成就;中间 PG 如同一本打开的书,表明新加坡研究生院是培养国际领军人才的海外育人基地,聚集着全球智慧;下方 I 如同笔尖/盾牌/展开的书籍,一方面寓意知识与力量,另一方面象征着新加坡研究生院是探索前沿科技的创新重镇。三部分结合在一起,寓意着新加坡研究生院汇聚全球学术大师,培育顶尖人才,产生新的知识与智慧,书写新历史的宏伟愿景。标志整体呈现正六边形,可以向周边无限拓展,预示着新加坡研究生院汇聚全球智慧,交叉前沿学科发展,具有无限发展可能性(见图 5‑14)。

图 5‑14 上海交通大学新加坡研究生院 logo

4) 艺术性强

标志的艺术性体现在造型的美感与精巧的构思上,是外在美与内在美的有机结合。外在表达上,标志设计要巧妙运用构成规则,通过结构的简化、形象的净化,强调艺术加工的提炼与精简。内在方面讲求对品牌核心理念的巧妙构思与准确表达,通过图形符号将内在品牌文化艺术性地具现化出来。

图 5-15　墨尔本城市标志

墨尔本是澳大利亚的第二大城市,文化、艺术与工业中心,南半球最负盛名的文化名城。墨尔本因其多样性、创新性、可持续性和宜居性而享誉国际,是一座充满活力的文化都市。2009 年,墨尔本邀请全球著名品牌顾问机构 Landor(朗涛)为其设计了城市品牌标志。标志造型为粗阔的大写 M。在其几何化的轮廓内,设计者巧妙地设置了多种分割方式,以赋予标志丰富的色彩变化与质感、肌理。这一丰富多彩的外观设计准确表达了墨尔本市的活力、新潮和现代化(见图 5-15)。

5) 可延展性

标志的可延展性是指标志能够适应不同的应用场景和媒介,并保持一致性和识别性。在媒体形态日趋多元化的今天,标志的可延展性是非常重要的特性。它能确保标志在未来的应用中拥有更好的适应能力与拓展空间。一个具有良好延展性的标志往往具备灵活性和变化性,就像谷歌的标志可以根据重大事件、主题进行变化。

俄罗斯圣彼得堡,这座以耶稣的弟子圣徒彼得为名的城市,是俄罗斯通往欧洲的窗口,常被誉为俄罗斯最西方化的城市。其城市标志的造型灵感来源于城市名称,以圣徒头上的光圈作为核心元素,进而在此基础上进行延展应用的设计。这个亮眼的黄色圆环不仅可以作为光圈,还可以融入蛋糕、雨伞、教皇的帽子、建筑的圆顶、喷泉的水池等各种元素,极尽构思之巧妙。标志鲜明的亮黄色与淡蓝色的组合传递出轻松愉悦的感受,配合着标志自由多变的造型,使观众很容易就记住且喜欢上它。在实际运用中,该标志可以与多种旅游纪念品、产品包装等完美结合,让游客时时刻刻都能感受到圣彼得堡文化的独特魅力(见图 5-16)。

图 5 - 16　圣彼得堡城市标志

三、IP 形象

1. 什么是 IP

IP，原意为知识产权（intellectual property），是"基于创造成果和工商标记依法产生的权利的统称"。IP 的含义在网络上得到引申，它可以理解为所有成名文创（文学、影视、动漫、游戏、广告图案等）作品的统称，代表具有高辨识度、强变现能力的文化符号。

尽管 IP 一词近年来热度持续高涨，但它其实并非新兴概念。人们耳熟能详的迪士尼公司，几十年前便开始有意识地围绕自身品牌，在全球布局 IP 产业。1928 年，迪士尼兄弟创造了他们第一个动画形象——米老鼠，一只长着圆圆的耳朵，戴着白手套、穿着红色短裤的可爱老鼠。这也是迪士尼最为成功的 IP 形象，是迪士尼的吉祥物。继而迪士尼围绕米老鼠创作了一系列漫画、动画、电影等内容，开启了迪士尼的 IP 之路。1932 年，动画《蒸汽船威利号》还获得了奥斯卡特别奖。继米老鼠之后，迪士尼又陆续创造了一系列著名的卡通形象：三只小猪、唐老鸭、小熊维尼等。2004 年，美国财经杂志《福布斯》推出"虚拟形象富豪榜",米老鼠以58亿美元的年收入位居榜首,成为世界上最富有的IP形象。除了动物角色形象之外,迪士尼还开发了公主系列IP:白雪公主、睡美人、灰姑娘、美女与野兽、花木兰等。

IP形象是品牌根据自身品牌形象精心打造的,旨在通过富有亲和力和号召力的形象,加强与目标受众的情感连接,进而提升消费者对于品牌的好感度与忠诚度。IP形象可以突出品牌的文化特点与精神内涵,为品牌带来更大的传播量和曝光度。

2. 创造有价值的 IP 形象

品牌的IP形象与商标是相辅相成的,就像在《商标的世界》中,麦当劳品牌并未展现其典型的"M"商标,而是展现麦当劳叔叔的形象。观众并不会觉得有何不妥,反而认为IP同样能代表品牌。如果说标志是品牌的脸面,让人们得以记住它,那IP则是品牌的双手,让品牌紧紧握住消费者并与其产生深厚的情感关联。与商标不同,IP形象更容易做成衍生品,可以拓展到其他领域,并为企业带来巨大的利润。

有研究者认为,当今的IP产业实际源于美国好莱坞的电影工业体系,特别是以迪士尼和漫威为代表的电影产业及周边衍生品生态,提供了有力佐证。迪士尼旗下的漫威娱乐工作室塑造了一系列历史悠久且受人欢迎的漫画IP形象:蜘蛛侠、X战警、绿巨人、美国队长等超级英雄。自2009迪士尼收购漫威娱乐后的10年间,这些IP形象的全球收入达到约70亿美元。漫威娱乐一般先从漫画开始,因为印刷成本通常不过一两万美元。随后通过与电影公司的合作来宣传自己的品牌,并针对视频游戏、服装、派对用品、食物等众多周边产品进行了一系列授权交易,而其最赚钱的收益来源则是玩具与消费品的IP授权。

当然并不是所有的IP形象都能像迪士尼旗下的卡通动物与英雄们那样,成为持续创造巨额利润的"超级IP"。更多IP形象在品牌营销中主要发挥着贴近消费者、促进互动交流、加深品牌印象的作用。当代IP是伴随着互联网的普及而兴起的,其核心围绕文化产品而发展。

例如互联网零食品牌"三只松鼠",在上线仅半年后就实现3000余万元的销售收入,并在短短数年间其销售收入突破70亿元,连续5年占据中国坚果销量榜第一。其迅速走红的最大秘密就在于三只萌动可爱的松鼠形象。这三只松鼠不仅作为 logo 出现,在宣传海报、店招、首页等处也频频亮相。此外,"三只松鼠"还推出了多种周边产品:公仔、玩偶、抱枕、零食罐、手机支架等,作为礼品赠送给消费者,意在维系与他们的关系。为了更好地塑造"三只松鼠"的形象,该品牌的客服在面对消费者时还称呼他们为"主人",使消费者在购物时感受到的不再是冷冰冰的商家,而是可爱的松鼠形象。这种充满趣味性的互动方式,促使购物行为更富有黏性(见图 5-17)。

图 5-17 "三只松鼠"IP 形象

3. 如何打造 IP 形象

IP 的打造并非凭空而生,一定要有其文化基因与生长的基础,并且明确其目标市场。在这一过程中,通过对特定角色形象的塑造与故事的创造,并借助合适的媒介和互动方式,与目标受众建立情感连接。

超级 IP 形象打造的过程可以分为以下几个步骤,这些步骤也适用于普通 IP 的打造,只不过其中的某些环节可以适当进行简化。

1) 找到 IP 形象的文化母体

文化母体是一个社会学和文化学的概念,指的是文化系统中的核心元素,包括文化价值观、信仰、传统、神话、传说、仪式、艺术等,是文化形成和发展的基础。文化母体是潜藏在人们生活中的每个角落的隐形规则,无须人们意识驱动就会自动运行。

文化母体是 IP 产生的文化基因,任何 IP 形象都有其文化母体。即使创作者没有特意设定或随心所欲地构想某种虚幻世界,其作品也会有母体文化留下的烙印。然而,寻找到合适的特定文化母体,无疑会对 IP 的塑造与传播起到有力的推动作用。成功的世界观必然是建立在现成的文化母体之上的,因为它有广泛的民众认知基础与接受度,从而无须花费巨大的精力与物力去推广,就能让公众去理解和接纳。例如,哈利·波特 IP 的文化母体是在欧洲积淀了 2 000余年的巫师文化,而非作者的凭空杜撰。

创造 IP 所依托的母体不一定是完整的文化体系,如中国文化、西方文化这样宏大的范畴,而可以是从中截取的具有典型性的一部分。例如,可以从中国传统文化中取"封神榜"这一独特的文化片段作为文化母体。

文化母体分为现实文化母体和幻想文化母体两种类型。打造 IP 更多来自幻想文化母体,甚至一些基于现实文化的再创造也属于幻想文化母体,如现实与科幻、魔法世界的叠加。因为幻想世界总是与人们的现实生活存在较大差异,能够带给观众更大的感官冲击与心理反差感。过于真实、贴近生活的 IP 难以形成鲜明特色,无法在观众心智中形成深刻的印记,从而缺乏广泛传播的驱动力。

符号是文化母体呈现的主要形式,如鞭炮、春联、门神、红包等都是春节文化的典型符号。当人们看到这些符号就会想起中国的春节,因此占据文化母体的关键在于占据符号。如果有人可以创造一种新的符号,使其与鞭炮、春联等成为春节文化中不可或缺的文化符号,而这种符号又是他们所独有的 IP,那么他们就成功占据了这部分春节文化母体。可口可乐就是这样将自己打造成了圣诞文化中的重要符号。

只有创新的文化符号才能成为有自主知识产权的 IP。以真人为主的 IP 很难创造出新的文化符号。这也就不难解释为什么 IP 形象往往采用对动物进行拟人化处理或想象出来的英雄人物、神仙精怪等来设计。

成功的超级 IP 往往融合了多个文化母体。在漫威宇宙中,同时有神话、新科技、外星、当代传奇等多种文化母体共同存在。多个文化母体共存,自然而然就能催生创新,这些创新既有公众所熟知的部分,理解起来没有困难,又有公众感觉陌生的部分,可以在公众的心中形成新的刺激。

2) 确立元设定

"元",寓意天地万物的本源,含有根本、本来的意思。元设定,即指在 IP 创造之初对其根本理念与逻辑的设定。如动画片《玩具总动员》,其元设定就是假如玩具有了人格,它们会不会有千奇百怪的梦想? 它们的玩具身份与自身的人格会不会产生冲突? 再如中国传统文化中"太极"的理念便反映了道家对于整个世界观的元设定——"万物负阴而抱阳,冲气以为和"。整个宇宙万物之间是相互联系、相互作用的，所有的个体都是普遍联系、相互依存的，并以此为前提，共同构成了一个系统、有序、和谐的统一体，我们也可将其理解为宇宙。

元设定的前提是逻辑自洽。其设定可以天马行空，但围绕此展开的逻辑一定要是严谨、符合其内部推演规律的。换言之，衍生出来的逻辑一定要可以自洽，才能够让人信服。

2022 年被称为 AIGC（artificial intelligence generated content，人工智能生成内容）元年，ChatGPT、Midjourney 等技术的突飞猛进让人们感受到了人工智能科技发展的热度，也引发了一定的危机感。因此，关于人工智能是否会威胁人类生存的讨论比以往都更有现实意义。笔者指导的一名本科生，在她的毕业设计中，以人工智能的发展现况、消费主义及《理想国》中的七宗罪作为文化母体，建构了一个"消费未来主义"下的"灵宙"世界观：资本家通过制造消费主义陷阱，刺激人们超前消费，透支未来，将自己的灵魂出卖给人工智能；而人工智能通过大数据读取人的欲望，获得人类的情感，进化成为新的主体。那些交易了死后灵魂的人们被迫为人工智能打工，成为"显示工""搬运工""发电工"等工种，对应七宗罪中所受到的惩罚（见图 5-18）。在这个 IP 设定中，虽然透支

图 5-18　"灵宙"，作者徐臻淇

未来、出售灵魂的"灵宙"世界一看就是幻想出来的,但消费主义与未来人工智能技术的发展趋势却给予它有力的支撑,而"七宗罪"也为其提供了文化土壤,因而作品的逻辑能够自洽,可以引发人们对未来的深思与警醒,展现出一定的社会意义。

3) 建立世界观

世界观是人们对整个世界及人与世界关系的基本看法和观点。在创建任何 IP 时,必须建立在符合其世界观的准则之上。例如,在无神论的世界观中,无法孕育出像孙悟空、哪吒这样的 IP。同样,伏地魔这一角色也只能出现在魔法世界,如果他进入《西游记》中,充其量不过是巡山小妖这样的开胃菜。

哲学意义的世界观是一种精神的、主观的认知,受主观因素的影响而产生不同的结果。即使是对同一个现实世界的认知,也可能存在唯物主义与唯心主义两种截然不同的世界观。与哲学意义上的世界观不同,IP 中所讨论的世界观是对虚构世界的描述,包括构成世界的基本物、世界的自然规则,以及生命对世界的感知和创造等。世界观为 IP 塑造提供基础的原始支点,IP 世界里的一切叙事要素都来自世界观,都能在世界观里找到来源。

世界观的内容可以按照"现实—超现实""历史—未来"两个维度进行分类(见图 5-19)。在这个维度图中,越贴近于上方越是虚幻,越贴近于下方越靠近现实。靠近左侧的偏向于神话传说,靠近右侧的偏向于科幻。但这一点并非绝对,有些世界观将神话传说与科幻融合在一起,如与漫威对抗的 DC 电影宇宙,既包含了代表地外文明的超人、地球高科技产物的蝙蝠侠,也包括代表神话传说的海王与架空玄幻的神奇女侠等诸多角色。

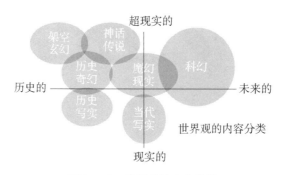

图 5-19   世界观的内容分类

在非虚构创作的领域中,依托对于"现实世界"的共同认知,"时间""地点""人物"三要素足以支撑故事的架构。但在虚构领域中,仅有这三要素是远远不够的,还需要"规则""力量""敌人""事件"等要素,虚构的程度越高,需要补充的要素维度也就越多。尽管是虚构世界,也不能随心所欲地展开想象,而应时刻注意从文化母体中寻找支撑。就像是高明的谎言要九分真一分假,来自文化母体的支撑越是逻辑严密,虚构的世界也就显得越真实。

电影《阿凡达》作为一部划时代的科幻电影,其世界观的建构自有其独到之处。电影呈现了高度发达的科技文明与自然文明的激烈碰撞。无论是科技文明还是自然文明,在地球上都能找到相应的文化母体。一方面,地球文明在影片所描绘的 22 世纪将拥有包括脑机接口及在虚拟世界中模拟人生的科技实力,这一设定按照当前的科技发展趋势来看是具有高度可能性的。而纳美人所居住的潘多拉星球也符合升级版热带雨林的特征,如地表温度高,植物高大茂密、根系粗壮等。另一方面,科技文明在与自然文明的战争中占尽上风,对原住民的自然环境与生活环境造成大肆破坏,并疯狂掠夺资源,这与西方殖民历史何其相似? 但作为一部"环保主题"的影片,《阿凡达》又必须让自然文明获得最后的胜利,因此,在世界观中引入了神灵的要素,有了神灵的庇护,纳美人才能最终战胜地球人。

4) 梳理规则与冲突

任何一个故事都必然包含冲突元素,否则就会显得平淡无奇,缺乏观众吸引力。冲突的展现也有不同的类型与层次,有些冲突轰轰烈烈,喊出"王侯将相,宁有种乎",这是外显的行动冲突,也是人性与王权的冲突;有些冲突表面上波澜不惊,内心暗潮汹涌,这是内隐的情感冲突。

罗伯特·麦基(Robert Mckee)在其《故事:材质、结构、风格和银幕剧作的原理》一书中,将冲突细分为:内心冲突、个人冲突、外界冲突、天人冲突。

(1) 内心冲突,又称内在冲突、自我冲突,是个体与自己的冲突行为。这种矛盾主要表现为引发内心情感矛盾的两难之择,如在金钱与爱情之间的选择性冲突。

(2) 个人冲突,是人与人之间的冲突和交互。通过人与人之间的外在矛盾,可以凸显主人公内在的矛盾,如自我怀疑、恐惧、焦虑等情绪与情感。

(3) 外界冲突,是人与外界组织的冲突和交互,如个人与群体、社会、阶级之间的对立。这种冲突通常与文化、政治、社会、宗教信仰相关,会引发群体性的矛盾和分歧。

(4) 天人冲突,是人与外部大环境、时空等不可抗力的冲突,也可以看作是人与世界观规则的冲突。比如"天之道,损有余而补不足;人之道则不然,损不足以奉有余"。人道对于天道的反抗就是天人之间的冲突。

很多优秀的故事会包含这几种冲突,只不过侧重点不同,冲突反映的层面也有所不同。以荣获第89届奥斯卡金像奖最佳动画长片等多项大奖的动画片《疯狂动物城》为例,这部口碑与票房双丰收的电影,其引人入胜的亮点正是那些层出不穷的冲突。主人公朱迪,作为一只弱小的食草动物,却担负起疯狂动物城中维护社会公正的重任,而"政治正确"的大环境又为这个看似不可思议的设定提供了合理的理由。此外,原本要破坏朱迪行动的狐狸尼克,最终却成了他最有力的帮手;黑帮老大"大先生"的手下都是强壮的棕熊,而他自己却是瘦小的鼩鼱;动作缓慢的树懒象征着行政效率低下的政府部门,却偏偏取名为"闪电"……可以说,这些巧妙的冲突设置,无疑为影片增添了无数看点。

值得注意的是,这些冲突虽通过故事表达出来,却是要在故事诞生之前便精心设定好。故事中的争吵、辩论、打斗、战争等都是冲突的结果,却并非冲突本身。

5) 建构故事与情境

情境,即富有内涵的故事所发生的时空背景,以及其中蕴含的多维互动的心理场。美国传播学者约舒亚·梅罗维茨(Joshua Meyrowitz)认为,情境是一种信息系统,其信息的类型最终决定了信息传播的内容。

情境不是故事,但能够影响故事的发展走向。情境是为表现角色的性格和命运而设计的,每一个故事都是把角色置于特定情境中,给予一定的条件和刺激,将其心理动因转化为行动。唯有在特定情境下,特定的人物性格才得以充分展现,特定的命运才得以发生。如果情境的设计不能充分展现人物的性格和命运,那么它就是无效或低效的。

情境有顺境、困境、逆境、绝境之分。人物经历顺境,故事就没有波澜起伏,缺乏吸引力,因此顺境只能是暂时的,不宜太长。而在困境或逆境中,人物的性格特点在与命运的抗争中被深度挖掘,故事才会变得有看点。当人物身处绝境时,故事就充满了悬念。观众会密切关注,人物会做出什么样的反应,产生什么影响,以及如何绝地求生或扭转事态的发展。这样的故事往往情节跌宕起伏、扣人心弦。故事只有营造出让观众高度共情的,且具有独特性的情境,才能使其角色形象深入人心。

情境也可分为大情境与小情境。大情境是指相关故事背景,以及人物在时代背景中所处的位置、与其他人物之间的关系等,主要靠事件来推动。小情境是指具体事件中人物所面临的具体处境,主要靠人与人之间的关系推动。

情境的构成要素包括:①事件;②事件中的人物关系;③事件发生的时空环境。

6) 角色创造

角色是 IP 的最终落脚点,是文化符号的具象化。

创造角色一般遵循以下步骤:

(1) 确定人物人设。人物人设通常包括角色的名称、性别、年龄、外貌、性格、人生经历、生活习惯等方面。其中,最重要的是角色的性格和人生经历,可以使角色形象更加有血有肉,立体丰满。

(2) 建立人物立意。人物立意指的是角色所具有的精神特质,以及从其形象、行为中展现出来的思想内涵、境界高度,它是人物设计的灵魂所在。每个人物都应该有独到的立意,这样才能真正成为 IP 形象。

(3) 确定人物造型。人物造型通常包括面部特征、头身比例、衣着服装、道具等方面的设计,它是角色形象的体现,决定了角色以怎样的面貌呈现给观众。

四、文创周边

1. 文创周边的价值与意义

文创产品是以文化为元素,通过创意、构思与设计,结合不同载体而构建的产品。英国学者大卫·赫斯蒙德夫(David Hesmondhalgh)将文创产业分为"核心文创产业"与"周边文创产业"。核心文创产业,如戏剧、小说、表演等,其重点在于对"精神"的高度诉求,旨在引起受众的心智反应,因此充满丰富的表征意涵。而周边文创产业,如手工艺品、时尚产品则部分地贩卖"精神",或高度仰赖"精神"价值,为"精神"而服务。当人们对某些产品的美感追求超越了实用价值时,这些产品就能被纳入周边文创产业的领域。由此分类可见,核心文创产业与 IP 高度重合,而周边文创产业则是我们要讨论的文创周边。因此,文创周边是以文创 IP 为载体,对其周边的潜在资源进行挖掘而推出的产品。

文创周边能够强化 IP 形象,增强品牌印记,传达品牌精神内涵,提高消费者黏性与活跃度,并辅助产品促进销售等。其实质是品牌文化的延伸和传递。通过对品牌形象的再塑造和再传播,文创周边能够为品牌带来更多关注度,也能间接给品牌创造更多收益,进而实现品牌价值的最大化。

故宫博物院,这座建立在明清两朝的皇宫——紫禁城基础之上的世界文化遗产,已有 600 余年的历史。尽管馆内珍藏了 186 万余件珍贵文物,却总是给人以神秘高远、难以触及的感觉。然而,故宫文创深度挖掘明清皇家文化的丰富元素,将故宫建筑、文物和背后的故事融合在现代人喜欢的时尚表达理念之中,打造出兼具故宫文化内涵及鲜明时代性的产品。这些文创周边已经成为故宫博物院一张亮眼的名片(见图 5 - 20)。

图 5 - 20　故宫文创产品(图片来自故宫博物院文创旗舰店)

2. 文创产品的设计

文创产品设计的展开要从“文”——文化层面、“创”——思想层面、“产品”——商业层面、“设计”——技术层面着手。

1）文

文化层面决定了文创产品的基因。文创周边产品是基于 IP 展开的设计，其深层次内涵在于对文化母体所包含的文化符号的挖掘。文化符号越丰富，针对其进行的设计开发就显得越从容。为什么故宫博物院可以打造出既有深厚历史文化内涵，又时尚亲民的文创周边，而某些校属博物馆却难以做到这一点呢？因为校属博物馆既没有故宫那样深厚的积淀，又难以像商业品牌那样凭空创造一个有着独特世界观的富有活力的 IP。

2）创

文化是文创的底蕴，创意创新则是文创的生命之所在。只有经历过创新的产品，才能带给受众心智上的冲击，让受众对品牌、对 IP 产生深刻的记忆，并形成良好的形象认知。香港著名设计师陈幼坚在 1998 年设计了一款名为"SEIKO"的书法钟，他把博大精深的中国文化与工艺，通过现代设计技巧重新铺陈，创造了一个具有中国书法精髓的时钟（见图 5-21）。初看这件书法挂钟，可能会让人感到困惑，因为在钟表显示时刻的位置上，出现的只是一些书法的笔画，它们无法组成完整的文字。这个设计的巧妙之处在于，只有当指针走过某个时刻之时，这些笔画才会与指针共同组成一个完整的、代表当前时间的数字。陈幼坚解释道："与其说这是个时钟，不如说是写在圆形宣纸上的书法作品，因为我在写书法或者在欣赏书法作品的时候同样有一种时间静止的错觉，这也是我的灵感来源之一。"这款独特的时钟被美国旧金山市现代美术博物馆永久收藏。

图 5-21　SEIKO 书法钟，作者陈幼坚

3) 产品

图 5-22　台北故宫博物院文创产品
"朕知道了"系列纸胶带

产品是周边文创的躯体。既然是产品,就不能仅从文化的角度考虑它的价值,还需兼顾其使用价值与商业价值。我国台北故宫博物院的文创产品"朕知道了"系列纸胶带,就是工作人员从 15.8 万余件工作密档朱批中精心遴选出来的康熙手迹,把它制作成了兼具文化价值、收藏价值与使用价值的胶带(见图 5-22)。这款胶带在仅面市 8 个月后,便创下了 2 660 万元新台币的销售额,甚至一度供不应求。这背后体现着设计者对文物资源的了解和对市场的精准预判。

4) 设计

设计决定了文创周边的样貌,产品是否精致美观,是否工艺精湛,都取决于技术层面的实现。设计既包括视觉形象方面的再设计,也包括产品功能、技术工艺方面的设计,涵盖面非常广泛。"神话言"品牌与台北故宫博物院推出的双品牌茶器"我是乾隆·天子之宝"系列,其设计灵感来自台北故宫博物院所藏的《御制诗集》中绘制的乾隆皇帝在不同年纪的画像。该产品在 2014 年曾荣获日本 Good Design Award(优良设计奖)。评委会表示,这件茶具的创意设计,将历史文物的内涵和中华文化的深度融为一

图 5-23　"神话言"品牌与台北故宫博物院
"我是乾隆·天子之宝"茶器

体,与现代时尚生活相结合,通过精湛的工艺向消费者讲述文化和艺术的故事,展现了既有趣味又有实用性的产品魅力(见图 5-23)。

第六章　品牌文化营造与设计案例

一、商业品牌案例：魏晋双泉

1. 背景资料分析

魏晋双泉是一款定位在中高端的高度兼香型白酒，产于安徽省阜阳市颍上县。安徽是中国著名的白酒产区之一，拥有丰富的历史和文化底蕴，同时也是中国白酒产业的重要基地之一。其地理、气候等自然因素在酿酒方面有着得天独厚的优势。20 世纪 90 年代中后期，安徽有数家白酒企业跻身行业 20 强，仅次于川酒。白酒界向来有"西不入川，东不入皖"一说，就是指四川和安徽名酒众多，外地白酒很难打入这两个省的市场。四川有五粮液、剑南春、泸州老窖、水井坊等知名品牌，安徽也自古就是"美酒窝"，几乎每个县都有自己的白酒品牌，且各酒企都有独特的生产工艺和风味特色。一方面说明这两地美酒众多，另一方面也揭示了两省白酒市场的竞争激烈。尽管近年来黔酒、苏酒的崛起，使得安徽白酒的影响力有下降的趋势，但仍有几家较有影响力的白酒品牌，如徽酒三杰——古井贡酒、口子窖、迎驾贡酒。

安徽白酒的主要产区在皖北，这里地处黄淮平原，水资源丰沛，气候湿润，温度适宜，既是安徽重要的粮食生产区，也为白酒酿造提供了充足的优质原材料与气候条件。皖北白酒最聚集的地方在亳州、阜阳两市。曾经在安徽省 19 款省级优质酒中，产于亳州的占了 5 款、产于阜阳的占了 3 款，分别排在省内的第一、第二名。

据华经产业研究院统计，2021 年安徽省白酒市场规模约 350 亿元，预计至 2025 年将达到 485.05 亿元。从产品结构来看，2021 年行业公开数据显示，300

元以下的中低端白酒市场份额最大,占比在 70% 以上。其中,100 元以下的产品约占市场 35% 的份额,目前徽酒中尚无主攻该市场的白酒品牌,主要由牛栏山、老村长等品牌占据;100~300 元区间的大众消费白酒占比 40% 左右,竞争最为激烈,主要为古井贡酒、口子窖、迎驾贡酒等当地品牌,外来白酒品牌较难进入;300~800 元区间的次高端市场约占比 15%,除了古井贡酒、口子窖、迎驾贡酒"徽酒三杰"外,还有剑南春、洋河、泸州老窖等外来品牌。而 800 元以上的高端市场份额相对较小,约占比 10%,徽酒中缺少本地的高端品牌,除古井贡酒的年份酒占据一定市场外,主要是茅台、五粮液、泸州老窖等外地品牌。

安徽白酒产业正面临转型升级,亟待在产品品质、白酒品牌、营销模式等薄弱环节进行突破。在市场环境方面,安徽白酒既受到来自黔酒、川酒、苏酒等白酒产区的巨大压力,也承接着经济向好发展带来的产业升级动力。安徽处于长三角地区承东启西的战略位置,与沪苏浙等发达地区形成优势资源互补。近年来,安徽经济发展显著,经济增速高于全国平均水平,实现了从"总量居中、人均靠后"向"总量靠前、人均居中"的跨越式发展。安徽省统计局数据显示,从经济总量上看,2022 年安徽省 GDP 总量达 4.5 万亿元,排名全国第十,占全国 GDP 总量的 3.7%;从人均生产总值的角度来看,2022 年安徽省人均 GDP 约为 7.4 万元,排名全国第十三位,略低于全国平均水平。在安徽上市公司的总市值排名中(截至 2023 年 3 月 16 日),古井贡酒(1243.14 亿元)、迎驾贡酒(523.84 亿元)、口子窖(423.90 亿元)分别位居第 3/6/9 名。良好的经济发展潜力为安徽省白酒消费的提档升级提供了核心动力。

2. 产品历史与特色

魏晋双泉的生产企业,颍上双集双泉酒业有限公司位于安徽省颍上县双集村。该公司是在其村原有一座老酒厂的原址上新建的。老酒厂在 20 世纪 80 年代曾经辉煌一时,但后来由于经营不善而倒闭。双集双泉酒业有限公司成立于 2017 年,出于对品牌形象、产品包装等多方面因素的综合考量,至 2022 年该品牌一直未曾对外销售。这款新面世的白酒,如同一张未经涂画的空白画布,为品牌形象的打造留下了宽广的自由空间。

双集村是安徽省新农村建设"千村百镇示范工程"的示范村镇,该村坐落在淮河、颍河交汇处,旁边有国家 5A 风景区八里湖和流域面积达 480 多平方公里的焦岗湖。这里未经工业污染，风光秀丽。当地有着独特的茶文化，历经千年不衰，这个有千余户人家的村落中有茶馆 38 家，成为乡村旅游的一大亮点。每年重阳节，颍上县都会举办"双集茶文化旅游节"，迄今为止已历经 18 届。追溯双集村的饮茶历史，其根源在于双集的两口古井。据传，早在魏晋时期，双集还是一片旷野，当地已因其甘泉而闻名。泉水味甘清纯，自然奔涌，是淮河岸边的十大名泉之一。嵇康、阮籍等"竹林七贤"都曾在此饮酒品茗，流连忘返。晋代之后，此地的泉水由于水患而消失，直至宋朝初年，在赵匡胤兵困南塘时才又被无意发掘出来，从而形成了遗存至今的双井。

双井为南北两口水井，其水质独特，功用不同。北井是一口咸水井，用于炖煮牛肉，能使味道香浓软糯，口齿留香。而南井是一口甜水井，水质甘洌，富含矿物质，经中国地质矿产局和中国科学技术大学检测，该井水含有 30 多种对人体有益的微量元素。当把泉水倒满水杯时，由于其表面张力较大，水面可以高出杯口 2～3 毫米而不外溢。南井的井水入口绵软，饱饮而不腹胀，因而孕育了当地淳朴闲适的饮茶文化。魏晋双泉的酿造用水就是宋代遗留下来的南井水，其独特的水质与当地温热的气候条件相结合，经过长时间的发酵，酿造出香气浓郁的高度白酒。尤为独特的是，这款酒在经过了 5 年的窖藏后，不仅去除了原酒中的辛辣，还增添了绵软醇厚的口感。该酒的余味甚至还带有霜降之后柿子的甘甜。

酒曲在白酒酿造的过程中起到非常重要的作用，"曲是酒之骨，水是酒之血"。魏晋双泉采用的是特制的"菊花曲"。这种属于中温曲的"菊花曲"是在秋天用新收获的粮食制成的。适宜的温度有利于有益菌群的生长。在缓慢发酵的过程中，不同种类的微生物参与酿酒，产生出独特的酯类，从而影响酒体及酒香风格。若将菊花曲的曲块切开，会发现中间的曲心呈现出菊花状，故此得名。

双集村地理位置处于北纬 32 度 64 分，而北纬 30 度（主要是指北纬 30 度上下波动 5 度所覆盖的范围）一向被认为是神奇的纬度。在公元前 8 世纪到公元前 2 世纪期间，北纬 30 度附近地区涌现出了大量关于人类文化与文明突破的历史事例。德国思想家卡尔·西奥多·雅斯贝尔斯（Karl Theodor Jaspers）在《历史的起源与目标》中将该时期称为"轴心时代"。北纬 30 度不仅贯穿了四大文明古国，还汇聚了一系列重要的人类文明与自然奇迹，如埃及吉萨金字塔群（北纬 29 度 58 分）、古巴比伦空中花园遗址（北纬 32 度 32 分）、巴基斯坦哈拉帕文明遗址(北纬 30 度 36 分)、西藏原生本教的世界中心冈仁波齐神山(北纬 31 度 04 分)、三星堆(北纬 30 度 59 分)、百慕大三角(北纬 32 度 20 分)等。同时,它也在中国境内形成了全球唯一的白酒酿造黄金带,是中国三大白酒体系诞生纬度带。而在这条神秘纬度与黄淮平原的交叉点上,不仅孕育了灿烂的中原文化,还诞生了管仲、鲍叔牙、竹林七贤、甘茂、甘罗等历史名人。

3. 品牌定位

魏晋双泉董事长魏国银在年少时便目睹了当地国营老酒厂的兴盛,也见证了它因为贪图利益售卖劣质酒而迅速消亡的过程。这种盛极而衰的反差对少年魏国银刺激很大。由于其大哥曾在酒厂工作,魏氏兄弟对于老酒厂有着深厚的感情。因此,他们在年少时便共同立志要把酒厂再建起来,恢复它昔日的荣光。经过多年的不懈努力,魏氏兄弟在老酒厂原址上建起了魏晋双泉酒业,这不仅是在圆他们少年时的梦,也是在回馈家乡和社会。

魏晋双泉酒年产量仅 300 吨左右,并且出于对古泉水源地的保护,酒厂并无进一步扩大生产规模的计划,不求做大做强,而是追求"小而美"的发展理念,争取在现有规模基本不变的情况下继续改良产品品质,提升品牌形象。鉴于魏晋双泉酒独特的发酵工艺、长久的窖藏时间、珍稀的水质及优良的原材料等,企业管理团队将产品定位为高端白酒路线,以此避免低价竞争,通过提供高品质产品来提高企业利润。

在内部竞争最为激烈的徽酒皖北产区,一款名不见经传的新生白酒品牌想要打开局面绝非易事。因此,魏晋双泉选择避开本地白热化的红海市场,转而面向上海、杭州等消费水平较高的长三角大中城市,主攻高端商务酒市场。

在参与魏晋双泉酒品牌打造的团队中,有来自上海交通大学的管理学、设计学专家,还有自动化控制的科学家队伍,以及来自世界 500 强企业的营销总监。他们将魏晋双泉酒定位为不仅仅是一款传统白酒,而是文化、艺术与科学的完美结合,旨在打造"潮流+科技"的全新形象,从而颠覆传统白酒的固有印象。品牌团队将为魏晋双泉打造全自动化控制的生产车间,将传统手工生产工序变成自动控温、控湿及全流程品质监控的精密自动化生产方式,使每一瓶酒的生产与流向都可跟踪、可追溯,从而打造出超越行业标准的品牌。

4. 品牌文化凝练

1) 灿烂的魏晋文化

魏晋双泉采用源自魏晋时期的甘泉水酿造,与魏晋有着无法割舍的联系。而魏晋南北朝在中国文明发展史上具有极为重要的意义,是中国文明史继商周之变、周秦之变之后的又一次重大转折,也是文化发展最迅速、最光辉灿烂的时期。虽然魏晋南北朝时期是中国历史上国家政治最为昏暗、动荡的时期之一,兵连祸结,中央政权软弱无力且更迭频繁,但是苦难的社会生活往往孕育着灿烂的思想与文化,那一时期文化与思想名家迭出,各派融合,成果之丰硕远胜两汉,直开以后宏阔的唐宋文明之格局,可谓中国的"文艺复兴"时期。国学大师章太炎评价说"魏晋启明,而唐斩其绪。宋始中兴,未壮以夭"。在中国思想史中,魏晋是一座高峰,前接战国,后启南宋。而南宋还没有到达魏晋的高度,就夭折在蒙古人的马蹄声中了。

2) 英雄与名士

古语云,"唯大英雄能本色,是真名士自风流"。英雄与名士是对魏晋时期两个典型群体的描述。一方面,魏晋政治动荡,政权更替频繁,所谓时势造英雄。混乱的时代造就了一批以天下为己任,并甘愿用生命书写历史的政治家与军事家,他们睥睨天下,豪气干云,野心勃勃,比如三曹七子、祖逖、桓温、王敦、谢安等,以自己的功业博得青史留名。另一方面,当时社会各方面的权力与资源都掌握在门阀士族手里。这些名门望族中的精英分子受过良好的教育,手中掌握着大量的财富与资源,他们除了担任着军政要职外,还普遍活跃在文化艺术界,是那个时代的明星,这就是所谓的名士,以竹林七贤、潘岳、陆机、左思、陶潜等人为代表。

魏晋时期的"文艺复兴"是全方位的,并不局限在文学上,在哲学思想、绘画书法、医学等方面也多有建树。汉代董仲舒提出"罢黜百家,独尊儒术",并推崇天人感应、三纲五常等理论,使儒学成为中国社会的正统思想。不过儒学敬鬼神而远之的立场,使它难以发展成为一种宗教。到了魏晋时期,由于社会动荡、国家分裂、战乱频繁,人民生活陷入水深火热之中,迫切需要宗教的精神慰藉。儒学在这方面的天然短板,使之无法与宗教信仰相匹敌,因此给了佛教、道教等广阔的发展空间。而其中的杰出人物,如鸠摩罗什、支道林、释道安等高僧,不仅在佛学上造诣深厚,还在文化艺术等领域做出了杰出贡献。医学方面,神医华佗、医圣张仲景、针灸鼻祖皇甫谧,以及著述《脉经》的王叔和等,都是历史上赫赫有名的医学家。

这些魏晋的英雄和名士,不仅在文学艺术上有卓越的成就,在文学史上书写了浓墨重彩的一笔,而且他们中的大多数人拥有一个共同的爱好——饮酒。魏晋时期,我国的酒文化得到了极大的发展,许多才华横溢的名士都借酒抒情,留下了诸多千古名作。

魏晋名士爱酒,关于酒的故事不胜枚举。曹操与刘备"青梅煮酒论英雄"的故事千古流传,其中"何以解忧,唯有杜康"的名句更是流传千古。左思在《魏都赋》中生动描述了魏王作战凯旋后的场景:"清酤如济,浊醪如河。冻醴流澌,温酎跃波。"竹林七贤皆好酒,常一起游于竹林之下,肆意欢宴,堪称中国古代第一"嗜酒男团"。其中,嵇康是当时的男神,身长七尺八寸,美词气,风姿特秀;阮籍为了拒绝司马家的提亲,长醉两个月,让提亲者没有机会开口;刘伶恋酒成痴,著有《酒德颂》;山涛则酒量惊人,能饮酒八斗不醉。王羲之的名篇《兰亭集序》所叙述的就是文人墨客在兰亭雅集"曲水流觞"的故事,由此而诞生了书法的千古名篇《兰亭集序》,被唐太宗称颂为"尽善尽美"。

3) 魏晋风骨与魏晋风流

纵观曹魏正始年间、西晋、东晋3个历史时期,字里行间透露出两种精神:魏晋风骨和魏晋风流,分别对应了魏晋最具影响力的两类人:英雄和名士。那个时代,既有华丽壮大、激昂慷慨的英雄风骨,又有洒脱自然、超然物外的名士风流。

与英雄对应的文学气质是"魏晋风骨",体现为在诗歌中既关注民生疾苦,又抒发自己欲在天下建功立业的雄心壮志,其文风率直大气、慷慨激昂,思想感情高迈不凡。其中的代表人物是三曹与建安七子。魏晋风骨对后世影响巨大,李白的诗个性鲜明,气魄宏大;杜甫的诗被称为"诗史",慷慨悲凉;白居易文辞浅白直率。他们都与魏晋有着解不开的联系。

以竹林七贤为代表的名士群体所对应的文学气质是"魏晋风流",体现为率直清俊的行为风格。他们不沉溺于物质享受,洒脱自然,怀忠抱义。他们爱酒,坚守本心,崇尚自然、超然物外。他们外在风姿卓越、内在气韵潇洒,既有放达的个性气质,又有卓绝的文学才华。魏晋是唯美的时代,不仅要"长得漂亮",更是要"活得漂亮"。魏晋风流大致可等同于西方的浪漫主义,重视自然,重视情感,崇尚自然背后的博大精神和无限生命力,主张兼容并蓄的宽容精神和对整体美的细微把握。书圣王羲之、画绝顾恺之,令洛阳纸贵的左思,无一不是魏晋风流的代表人物。正如杜牧诗云:"大抵南朝皆旷达,可怜东晋最风流。"

4) 既有风骨又懂风流

魏晋双泉酒以双泉水为内腑,是产品的立足之根本;以魏晋文化为骨肉,使得品牌形象丰满鲜活。魏晋风骨与魏晋风流是品牌文化的内在双核,如太极般圆融一体。魏晋风骨,它诠释的是人内在的精神坚守,是为人处世时不可动摇的准则。魏晋风流,则展现了待人接物中的人情练达,妙言奇趣又随和自然。于今而言,这两者结合在一起,可谓是一个现代人所应具有的综合素质。"既有风骨又懂风流",外柔而内刚。外圆内方,深得中庸之道。

中庸之道的根本目的,其实是构建一种让所有事物都能达到完美融合、和谐共生的秩序。在这个秩序里面,天地万物都能够达到最好的状态。能够将魏晋风骨与风流完美结合者,必是具有大智慧者,内心有坚守,处事有方法。既有英雄气,又有名士范,必然成就非凡功业。

"魏晋双泉,既有风骨又懂风流"这句广告语,其重要意义在于赋予消费者一个在酒桌上的话题。酒文化是一个注重交流与沟通的文化,有了合适的话题就能增加交流的机会,促进感情的发展。风骨与风流不仅是对魏晋文化的高度总结,更代表了人性的两面性,即无论多么自律的文化也会有放松、享乐的一面,人不是机器,不可能时刻绷紧自己不放松。但人也不能一味追求享乐安逸,而缺乏精神上的追求。虽然魏晋风骨与风流已逝去不可追,但当下的消费者不妨以之相互标榜与调侃,"风骨"固然是高道德标准者的坚守,"风流"又何尝不是一种恭维与自诩?

5. 品牌形象设计

本书第二章提及,品牌体验会影响品牌关系质量,而品牌关系的优劣,又直接关系到重复购买、口碑和支付意愿等重要的营销结果。品牌体验是由与品牌相关的刺激所引发的感觉、认知和行为反应。这些刺激来源于多个方面,包括品牌设计、品牌身份、包装、沟通及环境等。

　　白酒的品牌形象对于企业打开市场具有举足轻重的作用。一个好的品牌形象能够承载独具识别度与富有美好寓意的品牌文化,这在很大程度上有助于产品打开市场。艺术大师黄永玉将湘泉酒改名为酒鬼酒,并为其设计了饱含乡土气息的麻袋瓶包装,体现出浓郁的湘西地域文化特色。外包装上谐趣生动的酒鬼背酒图,配以广告语"酒鬼背酒鬼,千斤不嫌赘,酒鬼喝酒鬼,千杯不会醉,酒鬼出湘西,涓涓传万里",使得酒鬼酒自此风靡。这也开启了中国高档白酒的涨价潮,使酒鬼酒在上市初期的价格就一举超过了茅台。同时,酒鬼酒的酒瓶设计费用也创下了国内包装设计费的新高,达到 1 800 万元的高价。

　　魏晋双泉酒的品牌名称,彰显出产品的历史文化与酿造特色:以涌现于魏晋时期的两口甘泉井水酿制,具有良好的记忆点。那么,如何通过设计将其特点突显出来,使消费者看到它的视觉形象,就能立刻联想到其独有的产品特征呢? 为此,设计团队从品牌的 logo 与包装两个方面展开了精心的设计。

　　1) logo 设计

　　魏晋双泉以长三角的成功商务人士、企业主为目标销售对象。这一群体对生活品质有较高的追求,眼界开阔,生活经验丰富,对价格不太敏感,更追求生活的格调。因此,设计应当能够体现出产品的优良品质与审美的高品位。同时,丰富的文化内涵、良好的寓意与吉祥的口彩,都是打动这一群体的关键要素。因此,品牌 logo 需要能够传递出美好的寓意与愿景,让消费者在享用产品的过程中,也能体验到文化与艺术带来的附加价值。

　　在 logo 的设计过程中,设计师团队紧扣"双泉"这一概念,让两个泉眼上下排布,形成了一个循环往复的无穷大符号,又像是太极图一般,寓意着阴阳相生、无穷无尽。对于目标群体来说,流水(现金流)具有非常重要的意义。因此,这个 logo 的造型形似数字 8,谐音"发"财,它与无穷大符号的结合寓意着财富无限。在太极图的泉眼位置,"双泉"两个字被置于带有圆角的菱形色块之上,而周边的空间形成了 2 个铜钱的负形图案。这些图案在水波的遮掩下含而不露,充分体现出"君子爱财,取之有道"的经营理念。同时,铜钱的孔眼巧妙地化为"双泉"二字,进一步凸显出魏晋双泉的产品核心——独特的好水(见图 6 - 1)。

　　道家思想非常注重水,许多重要的理念均与水有关。老子在《道德经》中对

图 6-1　魏晋双泉酒 logo

"水"的精神推崇备至:"上善若水。水善利万物而不争,处众人之所恶,故几于道。居善地,心善渊,与善仁,言善信,正善治,事善能,动善时。夫唯不争,故无尤。"在这里,他将水德几乎置于与道相同的地位,视其为极致的完美。然而,白酒并不仅仅是水,它是水与火共同酿造的艺术,其形似水,其性如火,是日月精华之所聚。因此,白酒不仅有水之柔的一面,更有火之烈的一面。品牌 logo 施以如火的红橙色,一方面烘托出酒味的香浓醇厚,如金浆玉醴,品之难忘;另一方面则寓意着白酒的如火刚烈,不可轻视之。这一点与为人处世之道有着共同之处。

此外,铜钱的造型外圆内方,这与中国传统儒家文化中中庸之道的人生哲学一致。它告诉我们,既要懂得因时而变,也要懂得坚守本心。顺势而圆,行"方圆"之道,在不偏不倚、规则有序的环境中寻找到属于自己的位置。近代著名教育家黄炎培先生曾说"取象于钱,外圆内方",说的就是这个道理。铜钱的外围是波涛翻涌、放浪不羁的泉水图案,以此象征魏晋名士的洒脱自然、超然物外。可以说,这个 logo 的设计体现了深刻的人生哲学:既坚持本心、秉持原则,又与人为善、和气生财,它将魏晋风骨与魏晋风流完美地融合在一起。

2) 包装设计

魏晋双泉酒的包装延续了 logo 的设计理念,从优秀传统文化中汲取灵感,力图打造一款具有高度可识别性,又区别于市场上常见酒瓶造型,且能深刻承载魏晋双泉品牌文化的酒瓶。在前期调研阶段,设计团队搜集了"莲花尊""观音瓶"等几十种用于盛放酒水的传统容器,尤其是对魏晋时期的容器进行了详尽的考察分析,但都未能达到预期的目标。

后来,酒葫芦进入了团队的研究视野。葫芦作为酒器已有长达两三千年的历史,《诗经》里说的"酌之用匏",其中的匏便是指用葫芦制成的酒杯。在古代的祭天之礼中,葫芦酒杯被称为"匏爵",虽构造简单,却蕴含着尊贵之意。古人认为"匏"与"包"同音,取其可包藏东西之意,象征着上天容纳万物,展现出博大精深的内涵。《春秋》中还提到"樽以鲁壶",表明用鲁地的葫芦制成酒杯,被尊为"壶尊",由此可见葫芦酒器在古代的崇高地位。

葫芦的历史源远流长,早在七八千年前的新石器遗址中,就曾出土古葫芦皮。河姆渡文化遗址中也出土了完整的葫芦种子,证明葫芦在中国传统文化中有着超乎寻常的文化意义。闻一多在《伏羲考》中列举了与葫芦相关的 49 种神话故事。在上古神话中,作为人类始祖的伏羲、女娲、盘古,皆被看作是葫芦的化身。因葫芦是草本植物,其枝茎被称为"蔓",与"万"谐音,而成熟的葫芦里内含众多葫芦籽,"蔓带"又与"万代"谐音,因此葫芦寓意着"福禄万代",即"福禄寿"齐全,子孙万代、福禄永享。《礼记·昏义》中有夫妇"共牢而食,合卺而酳"的礼仪,即夫妻二人用两瓢饮酒,以象征夫妻"合体",并期待如葫芦一样多子多产。

葫芦所蕴含的象征意义与道家关注生命健康、崇尚真实和自然的理念相合,因此成为道家的重要法器。在中国古代神话传说中,葫芦常用于盛放灵丹妙药,具有延年益寿、起死回生之功效。如东晋道教学者葛洪在中国志怪小说集《神仙传》中所述,汝南城的壶公每天都会背着一个大葫芦到市场上卖药,他卖的药非常神奇,病人吃完就可以痊愈。古人还认为葫芦可以驱灾辟邪,祈求幸福,因此道观与佛庙也多以葫芦宝顶作为镇寺之宝。在传统文化中,人们常挂葫芦保佑家宅平安,或用红绳线串绑五个葫芦,寓意"五福临门"。

尽管葫芦作为酒器历史悠久且文化寓意丰富,但在当前市场上鲜有以葫芦造型作为酒瓶常规包装的企业。为什么?其原因就在于,葫芦流畅的造型与酒瓶口的特殊工艺要求之间存在难以解决的矛盾。常规 500 毫升酒瓶的高度通常不超过 30 厘米,葫芦瓶由于底部大肚子球体可容纳更多酒液,因此高度约 20 厘米的瓶子就足够,但这导致葫芦瓶口位置尺寸过小,无法安装标准瓶芯的问题。高度白酒酒精度较高,易于挥发,若瓶口密封性不好则易导致渗漏。因此,市场上只有 5 斤以上大包装的白酒才会采用葫芦造型。

为解决这个问题,设计团队多次进行迭代,最终用抽象葫芦造型替代具象仿真的葫芦,并将瓶体扁平化处理,使之更便于手持。提炼之后的葫芦瓶与 logo 造型具有一定相似度,能够更好地形成品牌联想。酒瓶采用高晶玻璃成型,电镀金色具有富贵感,而在主体部分的前后两个侧面,附加磨砂质感彩色硅胶,既丰富了色彩与质感,又起到了防滑作用。硅胶略显温和柔软的质感使触感体验更佳,尤其是在冬天喝酒的时候可以避免玻璃带来的冰冷感。硅胶表面有均匀排列的点状颗粒,其灵感取自良渚玉璧上的纹饰,如同两个相连的玉璧,既增添美感,又可增加摩擦力。瓶盖的造型则借鉴了古代帝王的王冕,正面呈现出不对称的美学效果,打破了传统对称设计的呆板感并赋予消费者尊贵的使用体验。

在一个版本的设计中,8 字中心的两个圆被做成透明的,形成一个独特的观察窗,用于观看纯粮食酿造的高度白酒所独有的高级酯沉淀现象。酯类物质对白酒香气和口感有着决定性的影响,其中四大酯的含量变化决定着酒体的整体风味及香型分类。当温度降到 10℃ 以下时,酯类物质在酒中的溶解度降低,就会析出白色雪花结晶,加热或轻轻摇动即可溶解。在冬日里,通过那别致的圆形观察窗,可以目睹雪白的酯结晶在轻轻摇动中如雪花般飘散,这一景象颇具魏晋雅士所追求的高逸之美。

图 6-2　魏晋双泉酒包装

魏晋双泉酒瓶的设计团队经过无数次的造型锤炼和实验测试,致力于在美学与人体工学之间找到最完美的平衡点,为消费者带来科技与艺术的上佳体验。本包装设计获得 2024 年德国 iF 设计奖(见图 6-2)。

6. 品牌故事

1) 诉求与历史间的线索

按照民间观点,酒是粮食之精华,适量饮酒有助于健康,可以起到延年益寿之效。但是按照广告法的规定,宣传中不允许出现"延年益寿"等词语。那么,如何在不违背法律的前提下,有效地传达魏晋双泉这款纯粮食酿造白酒对人体的益处呢? 为此,品牌团队根据魏晋双泉历史文化中的几个时间线索,找到了其与传说中齐天大圣大闹天宫故事的连接点:唐僧取经发生于唐太宗贞观十三年(639年),而孙悟空大闹天宫则发生在500年前,即公元139年。孙悟空被压在五行山下81年后,曹丕于公元220年称帝,开启了三国时代。再过1800年,即公元2020年,魏晋双泉品牌应运而生,并与上海交通大学团队展开了初步合作。基于这一历史与神话的交融,团队创造了一个充满奇幻色彩的品牌故事。在宣传品牌文化的同时,团队还编织了一个关于五行葫芦娃收集太上老君金丹的有趣故事。

2) 五行葫芦娃的故事

据传,太上老君所炼日月金丹有长生不老、羽化升仙之效,被盛放于五行葫芦内。然而,在孙悟空大闹天宫时(139年),葫芦被丢下界,跌落在颍上地界,化作焦岗湖和八里河两片水域。日月金丹沉入地下,在九九八十一年后(220年,魏晋时代之始)地涌两道灵泉。灵泉曾引来竹林七贤在此遨游,饮酒作赋。1800年后,五行葫芦化身的葫芦娃们苏醒了,他们肩负起自身的使命,开始用独特的方式收集金丹元素,想要重聚金丹。日为火之精,月为水之华,因此他们收集起来的金丹元素兼具水与火的特性,形似水而性如火,入口绵软甘甜,入腹火热融融,饮之可得魏晋神韵。其浓郁的香气引得一些精怪前来盗取。为了保护这些日月精华,他们将其装于金银葫芦内,名之“魏晋双泉”。

3) 葫芦娃IP形象

这则品牌故事将魏晋双泉酒的产地特点、优质水源、历史文化均囊括其中,以《西游记》、魏晋历史文化作为文化母体,进一步引申出品牌五位联合创始人的故事,他们分别对应五行葫芦娃。这些葫芦娃们的造型形似葫芦,头大肚圆,头饰为代表五行的元素符号,与上海美术电影制片厂的《葫芦兄弟》(人们口中的“葫芦娃”)的造型有所区别(见图6-3)。

其中,金葫芦娃对应的是董事长、酒厂厂长,拥有金属性,是团队的硬核心,他秉持精金百炼的理念,负责产品的品质把控;木葫芦娃对应的是团队中的人工智能专家,拥有科技树的属性,年轻又富有朝气,通过自动化技术提升产品品质;水葫芦娃对应的是团队中唯一的女性成员,她原是世界500强营销团队负责人,拥有以柔克刚的属性,既有润物细无声的温柔,也有洪水滔天的气魄,负责产品营销;火葫芦娃对应品牌运营专家,拥有蓝火属性,以理性的飞舟承载火热的梦想,负责品牌形象策划;土葫芦娃对应总经理、管理学专家,拥有火山属性,具有强大的凝聚力与爆发力,负责企业运营管理。

图 6-3　五行葫芦娃 IP 形象

此外，五行葫芦娃的形象还被用于酒瓶包装的 AR 交互。当用户下载并打开魏晋双泉 App，除了可以扫描包装上的二维码来查询产品出处、品牌历史文化以外，还可以用它对准葫芦瓶。这时，五行葫芦娃就会出现在手机屏幕上，围绕着酒瓶做出飞翔等动作。如果将多个酒瓶放在一起扫描，还能触发组合效果，展现出葫芦娃为保护日月精华与精怪们斗智斗勇的精彩故事（见图 6-4）。

图 6-4　五行葫芦娃立体 IP 形象

二、商业品牌案例：绝对伏特加

　　绝对伏特加（Absolut Vodka）是世界第二大伏特加品牌，它的崛起之路堪称品牌营销的奇迹。1992年，它与可口可乐、耐克一起跻身美国营销名人堂（Marketing Hall of Fame）。然而，由于美国法律的限制，烈酒不能采用电视或电台广告进行宣传。因此，绝对伏特加是三个品牌中唯一没有投放任何电视广告的品牌，仅靠纸媒营销就达到比肩可口可乐、耐克的知名度。值得一提的是，它也是历史上唯一一款同时获得美国广告业两大最令人垂涎的奖项——艾菲奖和凯利奖的产品。

1. 市场环境与品牌分析

　　伏特加酒以谷物或马铃薯为原料，经过多次蒸馏后制成高达95度的酒精，再用蒸馏水将其淡化至40度到60度，后经木炭过滤使酒质晶莹澄澈。伏特加是各种调制鸡尾酒的基酒中，最具灵活性、适应性和变通性的酒。它只有烈焰般的刺激口感，而无甜、苦、涩的味道，其口感独具一格。

　　伏特加是俄罗斯与波兰的传统酒精饮料。有一种说法是伏特加起源于俄罗斯，最初是15世纪克里姆林宫修道院里的修道士为消毒所酿制的，但在某个僧人偷偷品尝后被发现它的口感不错，从此风靡俄国。伊凡三世在1478年确定了这种白酒的国家垄断权，标志着伏特加的正式出现。而波兰人认为，伏特加的历史可追溯到8—12世纪。早期的伏特加由冰冻葡萄酒制成，至1400年左右，波兰人把新的蒸馏方法融入伏特加酒的生产过程中，进一步提升了伏特加酒的品质。1772年，波兰被俄国、普鲁士和奥地利帝国分割，伏特加也就是在这个时期由波兰传入俄国。

　　如今，除俄罗斯、波兰之外，德国、芬兰、美国、日本等国也都能酿制出优质的伏特加酒。特别是在第二次世界大战期间，俄罗斯制造伏特加酒的技术传到了美国，使美国也一跃成为伏特加酒的生产大国之一。

　　绝对伏特加诞生于1879年，其发源地是瑞典南部小镇阿赫斯（Ahus）。这里盛产适应北欧严寒气候的优质冬小麦，还有源自深井的洁净泉水。拉斯·奥尔松·史密斯（Lars Olsson Smith）发明了一种名为"连续蒸馏法"的新工艺，该工艺经过超 100 次的蒸馏,被应用于伏特加的提纯生产。他将这种工艺所酿造的酒命名为"绝对纯净的伏特加酒"(Absolut Rent Branvin)。这一工艺被绝对伏特加沿用至今,以确保其质量与独特品味的一致性。从 1980 年代起,绝对伏特加陆续推出了辣椒味、柠檬味、黑加仑味、柑橘味、香草味、红莓味等多种口味。

1979 年,绝对伏特加在瑞典的销售遭遇困境,公司准备将它销往更具潜力的美国市场。美国不仅是世界上竞争最激烈的伏特加市场,也是利润最丰厚的市场。事实上,美国消费了西方世界生产的伏特加的 60% 以上。美国的消费模式表明,虽然整体烈酒的消费量在下降,但优质伏特加的消费量在增加。然而,当时绝对伏特加面临着一个非常大的挑战:在公众认知中,正宗的伏特加酒应来自俄罗斯。在当时的美国市场上,苏联的红牌伏特加(Stolichnaya)以"俄国列宁格勒制造"的定位牢牢占据着领导者地位,甚至许多美国本土的伏特加也选择冠以俄罗斯的名称。而绝对伏特加的产地为瑞典,这与普遍认知中优质伏特加的产地无关。因此,如何打开国际市场,成为绝对伏特加亟须解决的重要问题。

事实上,即使是绝对伏特加所引以为傲的优质品质,也难以成为其在竞争中获胜的有力保障。梵高伏特加和灰雁伏特加同样有着纯净的口感,尤其是在作为基酒调制时,绝对伏特加与其他品牌更是难以区分。

在绝对伏特加在进入美国市场前,其代理商卡瑞朗进口公司(Carillon Importers Ltd)曾经花费 6.5 万美元做过广泛的市场调查,得到相当令人沮丧的结论——可以称得上"绝对失败":受访者普遍认为其源自药瓶的酒瓶造型难看,并且不利于抓握。瓶身过粗,即便一个壮汉的手掌也难以握住;瓶颈又过短,容不下一只手握持。此外,其透明的瓶身设计也被认为缺乏醒目的酒标。同时,受访者也对这款伏特加来自瑞典的身份心存疑虑。面对这样的反馈,绝对伏特加选择无视调查结果,并将创意业务交给了 TBWA 纽约办公室。

2. 品牌策略

TBWA 最初决定,将绝对伏特加作为一种有着悠久传统的优质产品进行营销,以满足挑剔的消费者。创意团队早期提出了很多想法,包括标签上有维京人的"瑞典金发伏特加"和磨砂玻璃瓶"皇家宫廷伏特加",后来考虑采用皇室风格,模仿当时市场上流行的"沙皇主题"。然而,TBWA 纽约办公室的创意总监杰夫·海斯(Geoff Hayes)觉得这些方案太过保守,太可预见了。他担忧,如果广告创意太过于传统,就会淹没在一众广告中,难以树立起鲜明的品牌形象。由于他们的目标受众是美国的年轻人,这类人积极主动,拥有独立、自主的思想,追求与众不同,且容易受到情绪化、差异化营销策略的影响,因此,TBWA最终决定放弃"瑞典"元素,颠覆以产地和历史为卖点的传统伏特加营销方法,转而以"ABSOLUT"为核心进行创新。由于"Absolute(绝对)"是一个常见的形容词,按照美国法律不能注册为商标,所以公司去掉词尾的 e,以消除法律方面的障碍,同时为品牌增加了瑞典风格。

1) 包装

图 6-5 绝对伏特加包装

绝对伏特加原来包装的设计灵感,源于广告人冈纳·布罗曼(Gunnar Broman)在斯德哥尔摩一家古董店橱窗里看到的一个古老瑞典药瓶。这种药瓶是瑞典一百多年来不变的文化标志。TBWA 没受市场调查结论的影响,保留了绝对伏特加药瓶的基本造型,仅把脖子稍微变长,并在瓶身增加了印有拉斯·奥尔松·史密斯头像的奖章。同时,该品牌一反当时流行的奢华风格,首创无标签设计,抛却纸质标贴,而将品牌名称用蓝色粗体字和手写体的产品介绍直接印在透明、纯净的瓶身上。这样独树一帜的包装风格,让绝对伏特加从同类产品中脱颖而出,十分引人注目(见图 6-5)。

作为绝对伏特加酒的经典瓶型,这款酒瓶有别于市场上的所有酒瓶。其高度可识别性使其成为品牌形象推广中最具代表性的视觉符号。基于这一符号,品牌生产了一系列独具匠心的广告作品,进一步加深了消费者对品牌的印象。到后来,即使酒瓶不在广告中直接出现,仅仅为一个近似绝对伏特加酒瓶的形状,也能让人联想到该品牌。而"ABSOLUT VODKA"的粗体字母标志也让人一目了然,只要保留这些最关键的品牌资产,绝对伏特加品牌就不会迷失。

2) 广告

TBWA 为绝对伏特加确立了一套平面广告的标准创意模式。该模式的画面以瓶子特写为中心,下方附加一行简洁的英文:由 Absolut 和一或两个易于理解、带有对产品或消费者赞赏意味的形容词，如"Perfection"组成。广告并不讲述具有故事性的内容，而是通过视觉画面凸显产品的独特性。在这套标准模式下，层出不穷的广告带给受众"相同，却又永远不同"的感觉，极大地丰富了受众对绝对伏特加的认知。在理查德·路易斯（Richard Lewis）所著的绝对伏特加创意回忆录 *ABSOLUT BOOK：The Absolut Vodka Advertising Story* 中，他将绝对伏特加的广告创意按不同领域进行了划分，包括：早期以瓶型拟物的"Absolut Object（绝对物品）"，代表艺术领域合作的"Absolut Art（绝对艺术）"，以瓶身创意展现城市特征的"Absolut Cities（绝对城市）"，以及将瓶标设计融入穿搭时尚的"Absolut Fashion（绝对时尚）"等 12 个主题类别。

1980 年，Geoff Hayes 为绝对伏特加创作了第一款平面广告设计"绝对完美"（Absolut Perfection）。他回忆道："我一边看电视，一边在纸上画瓶子。我画了一个光环在瓶颈上，并添了一行字'这是绝对的完美'。第二天早晨，我把它拿给我的搭档看，他说你无须解释，只要'绝对完美'就够了。突然间，我们就意识到我们该怎么做了。"这则广告（见图 6-6）以独特的智慧，重新定义了酒类广告。自此，绝对伏特加的平面广告便源源不断地涌现，每一则都充满了创意和对生活的深刻洞察。

图 6-6　"绝对完美"海报（1980 年）

绝对伏特加酒瓶的"形状"是一个高度可识别的视觉符号。无论是酒瓶本身，还是用其他事物组成或显现出来的酒瓶形状，都能让人立刻联想到绝对伏特加。在一些广告中，创意者巧妙地将酒瓶形状隐藏在不易察觉的角落或复杂的图案中，激发受众在画面中寻找绝对伏特加酒瓶的兴趣，从而加强对品牌的印象：绝对伏特加无处不在，在任何一个城市中都能找到绝对伏特加的影子。这种设计甚至培养了受众的"绝对之眼"，使他们在生活中也能自行发现它的形状（见图 6-7）。有趣的是，在一则名为"绝对擅离职守（ABSOLUT AWOL）"的广告中，酒瓶居然消失了，画面上只留下绝对伏特加标志性的圆形灯光背景和

图 6-7　绝对伏特加海报

图 6-8　"绝对擅离职守"海报
（1995 年）

桌面上的一圈水渍，但观众不难想到，一瓶绝对伏特加酒曾经在这里存在过（见图 6-8）。

（1）"绝对城市"。

1987 年，为了答谢绝对伏特加在加州的热销，TBWA 特意创作了一张海报。画面上是一个"绝对形状"的泳池，配以广告语"Absolut L. A.（绝对洛杉矶）"。这则定制广告引发了美国消费者的巨大兴趣，不少城市纷纷请求其为自己也创作一张专属广告。由此，这成为绝对伏特加每进入一个新城市的市场时的必备节目。TBWA 并没有简单地借用每个城市的标志性建筑，而是从市民的生活中发掘独属于他们的视觉符号。因为标志性建筑是游客心目中的符号，而来自城市文化中的符号才是真正属于市民自己的。如"绝对北京"的广告，将酒瓶隐藏在京剧脸谱中，这种巧妙的融合带给观众一种由衷的亲切感（见图 6-9）。

对于一些城市广告，设计者没有特意去寻找视觉形象，或者是由于城市特征不是那么容易视觉化，于是他们将城市的精神、气质等特点与绝对伏特加的酒瓶结合在一起。例如，南非开普敦常年刮大风，广告中酒瓶上的文字就显现出被风吹得飞扬的样子（见图 6-10）。

图6-9　"绝对洛杉矶"、"绝对北京"海报

图6-10　"绝对开普敦"海报

（2）"绝对节日"。

多年来，绝对伏特加一直在制作令人瞩目的圣诞广告。这些广告因其不同寻常而屡屡成为新闻焦点，如会说话的圣诞卡、真正的雪手套杂志插页、设计师手帕，甚至在美国杂志《纽约》12月刊中附送唐娜·卡兰（Donna Karan）的名牌手套。1992年，绝对伏特加在*Vogue*假日特刊中赠送了一双时尚名牌的尼龙

袜。同年,在伦敦考文特花园,一棵从瑞典进口的圣诞树吸引了众人目光,它被切成了绝对伏特加酒瓶的形状。

(3)"绝对艺术"。

绝对伏特加格外注重与艺术领域的合作。他们选择与众多刚刚崭露头角的新锐艺术家,而非久负盛名的艺术界前辈合作。这一策略既为艺术家提供展示作品的舞台与机会,又借他们的手将品牌打造成为年轻、时尚的炫酷形象,与目标消费群体保持高度契合。至今,绝对伏特加已经成为一种全球性的艺术画廊,被选中的艺术家必须展现出能够吸引绝对伏特加消费者的品位、精致和独创性。艺术家们被赋予了完全的创作自由,唯一的规定是瓶子必须在作品中可见。

率先为绝对伏特加酒瓶作画的艺术家中,最有名气的是波普艺术的开创者之一安迪·沃霍尔(Andy Warhol)。他于1985年为绝对伏特加创作的丝网印刷作品,目前被保存在伦敦泰特画廊(见图6-11)。当这幅画作为广告出现时,它取得了难以置信的成功,并立即引起了全世界媒体的关注。Absolut 由此从流行的伏特加变成了流行艺术的代表。

美国大地艺术家斯坦·赫德(Stan Herd)创作的"Absolut Landmark"堪称杰作。他花了将近一年的时间,在美国堪萨斯州的一块相当于12个足球场大小的土地上,用小麦、玉米、大豆、燕麦等植物,通过色彩与高度的巧妙搭配,种植出了 Absolut 酒瓶的形状。然而,这一壮观的图案只能从空中俯瞰才能完全欣赏到其美妙(见图6-12)。

图6-11　绝对伏特加,作者安迪·沃霍尔　　图6-12　Absolut Landmark,作者斯坦·赫德

迄今为止,最雄心勃勃的艺术委托项目是"绝对国家",这是一项为期两年的美国运动。这场运动聚焦了美国 50 个州和哥伦比亚特区,每个地区各一件作品,且都由该州才华横溢的艺术家完成。《今日美国》是一份拥有 600 多万名读者的全国性报纸,每隔一周就会展示不同的作品。每幅作品都会限量制作 300 幅石版画,由艺术家签名并编号,并以每幅 300 美元的价格出售给公众。这些销售的所有收入都捐给了美国艾滋病设计产业基金会(DIFFA)。

多年来,绝对伏特加不仅委托了画家,还与所有学科的艺术家展开合作:包括阿尔曼(Arman)这样的雕塑家,像博迪·瓦霖(Bertil Vallien)这样的水晶玻璃设计师,以及像大卫·卡梅伦(David Cameron)和约翰·加利亚诺(John Galliano)这样的时装设计师。

3) 营销

绝对伏特加从一开始就站在创意的潮头,经常在媒体上引起轰动。人们谈论它就像谈论最新电影或小说,其广告创意甚至经常成为晚间新闻,几乎在所有媒体上都有报道。绝对伏特加的广告所引发的讨论、研究及二次创作,使它获得了成千上万篇文章的报道和无数的免费电视播放机会。

除了独特的广告外,绝对伏特加还策划了一系列有影响力的公关活动,引发公众热议,进一步提升了品牌关注度。例如,在瑞典最北部有一家完全用冰建造的酒吧,里面有一个 5 米高的绝对伏特加酒瓶冰雕。这家酒吧和酒瓶冰雕出现在全球数十个电视节目中。绝对伏特加的展览在业界赢得了许多奖项,其酒吧设计也日益受到关注。绝对伏特加通过这些营销活动,为其品牌增加了额外的吸引力。

当绝对伏特加委托赫尔穆特·纽顿(Helmut Newton)拍摄时尚作品时,这些照片在马德里、纽约和柏林的多个展览中展出,吸引了时尚界和艺术界的世界精英参加。这些活动不仅是绝对伏特加的营销活动,也是时尚界的大事。即使是最简单的酒吧促销,也会有一种特殊的"绝对"气质。绝对伏特加通常会委托当地艺术家绘制限量版"绝对"T 恤,作为活动结束时的抽奖奖品。这些伴随着时尚、艺术活动的"在场",使绝对伏特加成为一种前卫符号。

为了宣传品牌的理念与文化,绝对伏特加可谓不惜代价。为了表达"每个人都是独一无二的"品牌理念,绝对伏特加决定生产近 400 万个单独编号、图案各异的限量瓶。尽管 400 万个不同的瓶身设计,听起来更像是天方夜谭,但绝对伏特加认真地执行这项企划。为此,他们不惜重新设计了整条生产线,使用35种不同的颜色、51种图案类型,并编写了复杂的涂层和图案放置算法,以确保在这近400万个随机生产的限量瓶中,每一瓶都是独一无二的。最后生产出来的限量瓶,不仅各不相同,而且每一个都保持着绝对伏特加一如既往的质感和艺术价值。

为了确保产品在未来很长一段时间内保持竞争力,绝对伏特加甚至创办了自己的高等学校。学校的课程涵盖了绝对伏特加的各个方面,从广告、营销到历史和生产。

研究绝对伏特加的营销路径,我们可以看到它在进入一个新市场时,基本遵循以下营销策略:内容本地化、红人营销本地化、本地跨界合作,以此构成全球化营销战略。

3. 品牌形象更新

在进入美国市场的第一年,绝对伏特加只有1万箱的销售量,然而到1982年,绝对伏特加已经超过了十年前进入美国市场的芬兰的主要竞争对手。1985年,伏特加又赶超了苏联这一最大的竞争对手,成为在美国领先的进口伏特加。同年,根据一家国际贸易杂志的报道,绝对伏特加跻身世界上最畅销的100种烈酒之列。自1994年以来,它更是位列国际十大优质烈酒品牌之位。

即使取得了如此巨大的成功,绝对伏特加仍然不断突破自我。随着时代变迁,原本的酒瓶设计已经不能高效地传递品牌信息了。绝对伏特加发现,酒瓶上的手写字体正在逐渐对当代年轻人失去吸引力,他们已经不再使用这种手写体,也不再去阅读这段铭文,因此他们决定做出改变。

2021年,绝对伏特加将经典款酒瓶中,品牌名称下方的手写字体内容精简为两个单词——"Swedish Vodka(瑞典伏特加)"。对绝对伏特加来说,酒瓶是传达品牌独特故事的载体,是为了更高效地传达品牌信息。因此,在不同的时代,面对不同的受众,它的设计也需要不断改变和调整。这简洁的"瑞典伏特加"描述,体现了强大的品牌自信。

此外,绝对伏特加还在瓶身上增加了纸质标签。由于新标签面积较小,且会遮挡一小部分瓶身,但配合减去铭文的设计,反而在瓶身正面形成了一个更大的窗口,进一步凸显了酒液的纯净之感(见图6-13)。

在可持续发展理念日益盛行的背景下,许多品牌选择"脱去"标签以展现环保立场,而绝对伏特加却独树一帜地添加了纸质标签。当然,这一设计也引起了一些环保方面的担忧。但绝对伏特加在纸质标签的内侧使用了特殊材料,这不仅不会影响瓶子的回收,而且比起原先铭文篆刻的方式,新的瓶身设计方式还能回收更多有效的玻璃材料。目前,绝对伏特加酒瓶的回收率已达到40%,并计划在2025年提高至60%。

图 6-13　绝对伏特加新包装

2019年,绝对伏特加推出"绝对归来"(ABSOLUT COMEBACK),通过废瓶重生的魅力姿态,表现了品牌对循环生活方式和可持续发展的明确立场(见图 6-14)。瓶子,是他们选择传达品牌声音的载体。绝对伏特加全球组合与创新总监埃琳·富雷利德(Elin Furelid)表示:"我们通过酒瓶来传达这些信息,因为酒瓶是消费者最终看到、握在手里的东西。"

图 6-14　"绝对归来"

三、非营利组织品牌案例:ICCI

1. 非营利组织

非营利组织所涉及的领域非常广,包括艺术、慈善、教育、政治、宗教、学术、环保等诸多方面。它们并非以营利为目的,而是通常致力于支持或处理个人或公众所关注的议题或事件。非营利组织一般具有非营利性、民间性、自治性、志愿性、非政治性、非宗教性等重要特征。联合国国际标准产业分类体系把非营利组织划分为 3 个大类：教育（如大学教育、小学教育等）、医疗和社会工作（如医疗保健、兽医等）、其他社区服务和个人服务（如工会、博物馆及文化机构等）。

2. 非营利组织的品牌建构

非营利组织有必要建构品牌文化吗？当然需要！事实上，许多非营利组织本身就是一个超级 IP，例如三大宗教、红十字会等，其年营业额甚至远超许多产业和品牌。正如 P. B. 弗斯顿伯格（P. B. 弗斯顿伯格）在《非营利机构的生财之道》一书中所说："现代非营利机构必须是一个混合体：就其宗旨而言，它是一个传统的慈善机构，而在开辟财源方面，它是一个成功的商业组织。当这两种价值观在非营利组织内相互依存时，该组织才会充满活力。"因此，建构品牌文化对非营利组织来说是非常必要的。

一般来说，非营利组织的主要收入来源是捐赠。然而，世界上的非营利组织何其多，捐赠者为何会选择某一家而非另一家呢？这一方面得益于组织工作人员与志愿者的积极募捐，另一方面则是深受品牌形象与品牌文化的影响。只有当捐赠者对其品牌文化与理念高度认可时，他们才有可能慷慨解囊。假如一个人并不认同某个宗教的教义，他又怎会愿意捐赠，以求得未来的救赎呢？

非营利组织的服务对象与捐赠者往往不能直接画等号。有些非营利组织的捐赠者是组织内部的成员，如宗教中的笃信者。但对于不少组织来说，这两者是截然不同的群体。以红十字会为例，其捐赠者通常是经济能力稍强的人群，而救助对象则一般是贫困群体。

非营利组织的品牌建设一般需要遵循以下几个步骤：

（1）明确组织所秉持的价值观，给予组织明晰的品牌定位。只有当组织的价值观与捐赠者的需求和价值观有效契合时，才能实现募捐目标。当捐赠者的价值观与组织存在偏离时，则需通过传播策略建构二者的联系，而打动捐赠者的一个重要切入点就是唤起其同理心。

（2）完善组织文化符号，突出组织的品牌个性。文化符号是组织价值观的具象化体现，使组织在与外界交流时有了依凭。例如基督教的十字架、道教的太极图、佛教的合十礼等，都是极具品牌个性的文化符号。

（3）多渠道开展品牌传播，与捐赠者进行高效且具有说服力的沟通。利用线上线下相结合的互动方式，让当地社区及相关利益者参与进来。团队成员应展示策略成果，如愿景、使命和价值观，邀请各方进行讨论并听取反馈。这样做不仅能充分增加捐赠者的心理卷入度，还能提升其对于品牌文化的认可程度。

（4）扩大自身品牌影响力，加强品牌的管理工作。品牌是动态的，是留在消费者心目中的印象，并需要持续的维护和管理。以少林寺为例，它长久以来一直是中国武术和文化的代表之一。释永信担任主持之后，这个古老的品牌焕发出新的光彩。释永信为少林寺注册了商标，并利用电视、互联网等媒体广泛传播少林寺的历史文化，同时制定了一系列的营销策略，如举办文化活动、赞助体育赛事、与体育品牌联名等，成功将少林寺打造成为一个全球知名的品牌。

3. ICCI 品牌建构

1) ICCI 的历史与定位

上海交通大学-南加州大学文化创意产业学院（ICCI），由上海交通大学与美国南加州大学于 2015 年共同成立。作为上海交通大学国际化发展战略的重要组成部分，文创学院根据产业价值链和市场需求整合全球优质资源，以"国际化、学科交叉、产业导向"为培养特色，以培育具有"创意、创新和创业"精神的文化创意产业领袖人才为使命，为有志青年学子实现梦想提供全球教育资源。

文创学院将努力建成国际一流的科学、艺术和管理复合性交叉型的创新学院，在更广泛的全球范围内共享资源，从合作中塑造全球智力，为人类的文明和进步做出持续的贡献。其使命不仅在于培养文化创意产业的领军人物，更在于通过学科交叉融合，创新科研机制，以及实现文创教育和产业发展的良性互动。

文创学院的定位是：立足于数字文化创意产业领域，坚持"国际化、学科交叉、产业导向"的办学特色，将专业教育、产业教育和通识教育三结合，重在培养实践型产业领军人才。

2) 符号选择与视觉建构

当文创学院委托笔者为其设计视觉形象系统时，他们已经对 logo 有了初步的概念构思，并提供了一个雏形（见图 6 - 15），希望笔者沿着已有的思路开展深化设计。这个 logo 采用了文创学院的英文缩写，将最后一个字母倾斜，以表达学院突破创新的精神内涵。

图 6-15   ICCI 初步 logo

前期 logo 图形足够简练,并且在一定程度上表达出了学院的愿景与使命。然而,对于一所文化创意产业学院,这样的 logo 显得过于冷肃和理性,体现不出文化创意产业的缤纷多彩与生机勃勃,也难以对充满活力的年轻人形成感召力。因此,需要对 logo 进行改良与二次设计。

首先,笔者拉大了 ICCI 字母之间的距离,让字母之间的知觉张力处于一个相对适中的状态。同时让两个 C 的内外径相切,不至于形成锁链式的交叉,以减少观者的心理紧张感。

其次,调整了 I 倾斜的角度,将其由原来的倾斜 10°加大到 15°,使其更具突破常规的视觉效果。调整后的视觉重心恰恰落在支点之外少许,避免了落回原位的感觉。而旁边的字母 ICC 又能够有效对 I 形成牵拉之势,防止其显得不稳固(见图 6-16)。关于视知觉力的更多知识,可以阅读美国心理学者鲁道夫·阿恩海姆(Rudolf Arnheim)的著作《艺术与视知觉》,此处不再赘述。

图 6-16   ICCI logo 改良

接下来笔者开始思考,这个 I 除了作为学院名称中的一个缩写字母以外,还能有何寓意? 经过对南加州大学和上海交通大学标志性符号的调查(虽然彼时我已在上海交通大学工作 10 年,但还是进行了一定范围的调查和访问,避免标志符号的选择过于主观化),笔者确定了南加州大学的吉祥物特洛伊战士雕像与上海交通大学的标志物饮水思源碑。这两者的长宽比例接近且造型上都与 I 较为相近。特洛伊战士雕塑本身就有倾身向前的动势,而饮水思源碑则更像直立状态的 I(见图 6-17)。

图 6-17　特洛伊战士雕像、饮水思源碑

在 ICCI 的上方,笔者规划出一个由三角形组成的方形网格空间,并用多种色彩填充其中的部分网格,勾勒出品牌形象的辅助图形。原来的 logo 只有一种暗红色,而经过辅助图形的拓展,ICCI 的辅助色范围也得到大大拓展,这种全色域的色彩组合不仅更能体现文化创意产业的丰富多彩,也更能贴合年轻人的审美(见图 6-18)。在此基础上,我们又进一步衍生出代表 ICCI 6 个学科方向(艺术、哲学、经济、管理、设计、科技)的辅助图形组合,这些辅助图形与 I 形成的图形在内涵上相互关联,二者相得益彰(见图 6-19)。

图 6-18　南加州大学、上海交通大学英文缩写与 ICCI 的组合

网格状空间赋予辅助图形无尽变化的可能性,使本 logo 的设计不仅适用于品牌传播,还可融入教学办公楼的空间导视系统中。在整个教学办公空间中,我们根据 30 余种不同的功能区域,将 I 的变形与辅助图形变化巧妙结合,创造出了丰富的组合效果(见图 6-20)。

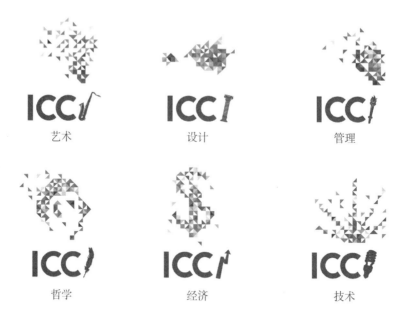

图 6‑19　ICCI 6 个学科的辅助图形组合

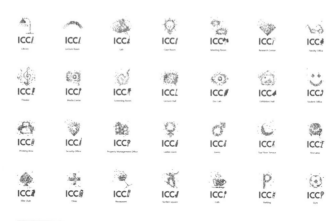

图 6 - 20　ICCI 教学办公空间导视符号

3) 周边衍生品

由于 logo 与辅助图形本身的丰富性,衍生品的设计变得非常容易。我们只需从任意组合中选取一个形象或局部,便可将其作为产品的主图形。同时,由于这些图形的框架结构具有高度相似性,即便在形象上存在差别,也能够产生系统化的视觉感受(见图 6 - 21)。辅助图形的网格具有开放性,可以根据实际需求不断演化发展,也可以提供给学生进行再度创作,进一步丰富校园文化。然而,衍生品的生产与技术有较为密切的关系,受到技术水平与生产工艺的制约。例如,图 6 - 21 中马克杯的最初设计是在黑色杯体上通过丝网印刷技术印刷 logo 与辅助图形,但印刷色彩难以完全覆盖黑色,导致色彩显得暗沉。因此,我们不得不将马克杯的底色改为白色,虽然效果略打折扣。

后期,我们还为学院教师设计了像素画风格的肖像画,像素画与辅助图形

图 6‑21   衍生品

网格具有相近的结构,将相对的 2 个三角形一同填充便构成了像素画的方格。这些肖像画被广泛用于教授们的名片与个人定制的马克杯上(见图 6‑22)。

图 6‑22   像素画名片

四、国家形象与城市品牌案例

1. 城市品牌

1) 什么是城市品牌

城市,就像企业一样,也可以成为品牌。一个良好的城市品牌,能使一个地方的产品在面向其他城市市场时占据优势。20 世纪八九十年代,人们在购物时更关注商品的产地,而非品牌本身。那时,只要看到是上海生产的产品,就会对其质量抱有信心。虽然当时国内的消费者对于品牌尚未形成明确的认识,但上海企业凭借其卓越的产品质量,已然成为人们心目中的一块"牌子"。当然,这还只是城市品牌的一个侧面。一个城市整体的文化、风貌、人文精神等都是构成城市品牌的重要组成部分。凯文·莱恩·凯勒在 1998 年指出,如同产品和人一般,地理位置和特定空间也可以拥有品牌。城市的特色通过各种形象得以展现,这些形象融入城市生活,在城市中建立自然的联系,使城市在竞争中焕发勃勃生机。

随着城市化及经济全球化的发展,城市间的比拼也日趋激烈,一个拥有强势品牌的城市,无疑能够在吸引游客、招商引资方面占据上风。很难说清"上有天堂下有苏杭"的美誉为苏州和杭州带来了多大旅游客流,但这种口碑确实使它们成为不少人旅游的首选目的地。而良好的投资环境、政商环境更是投资人关注的重中之重。一个城市是否有决心、有诚心招商引资,城市品牌无疑会起到重要的影响作用。

20 世纪 90 年代,国内外学者借鉴大卫·奥格威和凯文·凯勒等学者的理论,对城市品牌形象进行了研究和阐释。他们认为,城市品牌形象是"公众在城市品牌传播过程中逐渐形成的对城市的整体印象与判断,是城市精神、城市文化等无形因素与城市经济、城市环境、城市建筑等外在信息带给公众影响的综合体现"。

城市品牌形象,通常包含有形的物质内容和无形的精神内容。有形的物质内容主要以可视化的方式呈现,构成一座城市的市容市貌,包括城市标志、城市宣传片、城市地标建筑、城市公共设施设计、公共艺术等;无形的精神内容主要包括城市的文化、精神、价值观等可以被公众感知的特点,例如文化特点、气候特点、饮食特点等。这些无形内容难以简单概括,需要亲身感受。

2) 城市品牌的定位

定位,是在消费者的心智中将产品与消费者建立新的连接。同样,城市品牌的定位也是通过精准的战略布局,使城市在预期客户头脑里占据一个有独特价值的地位。对于城市来说,城市品牌就是待推广的产品,而城市居民、潜在的旅游者与投资者就是预期客户。城市品牌定位的核心目标,就是使城市在预期客户心目中形成鲜明的品牌个性,确保自己的最大竞争优势。通过准确的定位,城市可以优化资源,提升品牌的凝聚力、吸引力与辐射能力。

　　不过需要注意的是,城市居民与旅游者、投资者的需求可能是不同的,且在城市发展的不同阶段,这些需求也会发生变化。例如,旅游业的发展可能会带来交通压力增加、生活成本提高等问题,而工业生产可能引发环境污染等,这些负面影响往往由当地居民承担。洱海是云南第二大高原湖泊,是当地人赖以生存的重要资源,与人们的生产生活息息相关,被誉为"母亲湖"。洱海与苍山相映照,共同铸就了世代大理人民的共同生活场域和历史文化空间。然而,出于经济发展的需要,当地引进了一些养殖企业,带来水质富营养化问题。加之人口增长、旅游增加等因素,洱海水体从 20 世纪的优质水质,变成 21 世纪初的重度污染,甚至多次暴发大规模蓝藻。特别是在 2003 年,水质恶化最为严重,全年有 3 个月水质下降到Ⅳ类标准。最终当地政府果断采取措施,通过"三禁三退三还"等治理手段,使洱海水质逐渐得到改善,环湖生态环境也开始恢复。这个案例提醒我们,在进行城市品牌定位时,必须全面考虑各方需求,绝不能为了追求短期利益而忽视居民的长远利益。

　　城市品牌定位可以采取定量或定性的研究方法,这两种研究方法都是从城市的内在资源属性及外在目标受众偏好出发进行深入的研究和分析。

　　(1) 定量分析法。

　　定量分析法,主要是指通过收集城市数据信息,利用数理统计的方法对城市品牌资产进行评估。通过分析城市的优劣势,再进行品牌定位。定量分析法主要有因子分析法、多维尺度分析法。

　　在因子分析中,研究者从以往研究领域中提取并识别目标城市顾客所重视的因子,通过抽样调查赋予各因子不同权重值,再进行分析。研究者可采用主观因子或客观因子,这些因子相对而言较容易选择。但是,因子分析方法要求研究者在收取数据前就要识别出重要因子,因而带有一定的主观性和不确定性。

　　多维尺度分析法则是基于城市顾客对类似品牌或期望品牌的辨别来获取相关因子,这种方法具有较强的感性判断特征。其因子都是从已有城市品牌中提炼的,但在给具备新特征的城市品牌定位时未必适用。通常要搜集调查至少 8 个不同品牌,才能使结果更准确。

　　(2) 定性分析法。

　　定性分析法主要有差异定位法和 SWOT 分析法。差异定位法是科特勒提出的定位方法。它通过对本品牌与竞争品牌进行比较，标识出一系列不同的特征组进行识别。在科特勒的模式中，需要从客户的角度来探讨品牌定位，而不是基于研究者的主观观点。具体步骤包括：①了解该城市品牌与其他城市品牌的不同点，识别可能的竞争优势；②选择最具竞争力的优势作为定位；③运用各种营销手段对该定位进行沟通和推介。

SWOT 分析法是战略管理中常用的管理决策方法。它通过分析城市内部的优势（strength）、劣势（weakness）及外部面临的机会（opportunity）和威胁（threat），将这些因素调查列举并形成矩阵排列，再进行综合分析，最终得到城市的恰当定位。

2. 城市品牌形象的构成要素

和普通品牌形象的构成一样，城市品牌形象的建构也需要从理念识别、行为识别和视觉识别三个方面开展。其中，城市理念识别系统是城市品牌形象的核心。无论是行为识别还是视觉识别，都是围绕理念识别展开的；但同时，离开了行为识别与视觉识别，理念识别也无法具象化。

1) 从城市精神、文化和历史积淀出发构建城市品牌理念识别系统

城市是人类生活的一个庞大综合体，保留着时空的印记。无论是过去的历史文化积淀还是当下的社会生活，都同时在城市的品牌建构中发挥作用。可以说，城市文化是城市品牌形象的根基，城市精神是城市品牌形象的灵魂，而城市历史是城市品牌形象的源头。为了塑造强有力的城市品牌形象，我们需要挖掘城市精神，整合文化资源，并传承城市历史。有学者提出了城市品牌形象的人文识别（humanity identity，HI），包含城市历史、文化、风俗等历时性的人文遗产和当代城市人的现实生活。这些因素共同构筑成了可视化的人文形象体（如北京故宫）和人文意识形态传达体（如"天人合一"的人文哲学思想）。

2) 从政府、市民和企业形象及城市活动出发，构建城市品牌行为识别系统

城市品牌行为识别系统是品牌形象的具体表现。城市中的个人、组织和政府都是城市品牌形象的代言人。居民的生活方式、组织或企业的形象、政府部门的执政风格，都和城市品牌形象息息相关。例如，各个城区争相创建全国文明城区，就是一种典型的城市品牌行为识别举措。市民从身边的小事做起，保持城市的清洁卫生，维护精神文明，这些都能带动人们对城市产生更为良好的

印象。自 20 世纪 70 年代起,日本推行"将垃圾带回家运动"。无论是繁华城市还是偏僻小道,都没有垃圾桶,但街道能够保持清洁卫生。日本还率先执行严格的垃圾分类处理方法,这一点让许多初次到日本旅游的游客都大为赞叹。

此外,节事活动也是城市品牌形象整合营销传播的重要策略和手段之一。随着城市品牌宣传意识的提高,许多城市致力于打造以受众为中心的城市营销活动和事件,力求提升城市品牌形象的知名度、美誉度和竞争力。例如,美国亚特兰大的面积约为 350 平方公里,人口约 50 万人,在美国排名约 45 位,原本是在国际上名不见经传的城市。但在 1996 年举办了第 26 届夏季奥运会之后,亚特兰大的知名度迅速提升,至 2013 年,它甚至被《时代》杂志评为美国富人最想创业的大城市,并成为美国十大富豪的集聚地。

3) 从符号学入手建构城市品牌视觉识别系统

城市品牌视觉识别系统具有易辨识、易记忆和易传播等特点。视觉识别是最具独特性、差异性的视觉语言,它可保证信息的整体规划和传播,从而达到城市形象识别并让人产生深刻记忆的目的。城市视觉符号是城市品牌形象的载体。广义上的城市视觉符号包括城市中所有可被视觉感官捕捉的二维和三维物象符号,例如城市标志、色彩、公共设施和公共空间艺术等。狭义上的城市视觉符号是指视觉传达意义上的视觉符号,例如城市标志、城市地标建筑、城市景观等。这些城市视觉符号是城市品牌形象识别系统的基础,使得含义丰富的城市品牌形象能够通过设计独特的视觉符号得以有序地传达。

3. 上海垃圾分类对城市品牌的建构

1) 垃圾分类对城市品牌的影响

随着城市化进程的不断推进,城市品牌形象的建设越来越重要。在这个过程中,上海垃圾分类作为一项创新举措,正逐渐成为塑造城市品牌的重要元素。从品牌的理念识别、行为识别到视觉识别,我们可以看到上海垃圾分类对城市品牌形象建构所起到的积极作用。

通过垃圾分类政策的实施,城市能够展现出对环保事业的深切关注和积极行动,树立起环保城市的形象。这不仅有助于提升城市在国内外的环保声誉,还进一步增强了其环保意识和环境友好的形象。同时,垃圾分类政策的推行能够激发居民的社会责任感和参与度,营造出全民参与、共同建设美好城市的氛围。这种社会责任感的提升,无疑为城市公民素质和城市文明形象的塑造增添了光彩。此外,像深圳、赫尔辛基等城市在垃圾分类领域采用了智能化、信息化的技术手段(如智能垃圾桶、垃圾分类回收系统等)。这些创新科技为城市打造了智慧城市的形象,展现了城市在科技创新领域的活力和前瞻性。并且,垃圾分类政策的实施还有力促进了城市居民文明素质的提升,塑造了良好的城市文明形象,为城市品牌建设注入了更多积极因素。

目前,全球有很多国家和地区都在推行垃圾分类,包括日本、韩国、德国、瑞士、荷兰、法国、新加坡、加拿大等。这些国家已经实施了较为完善的垃圾分类制度,旨在减少垃圾数量、提高资源利用率和公众的环境保护意识。其他很多国家和地区也正在逐步推行垃圾分类制度。

以日本为例,其在垃圾分类方面已有几十年的丰富经验,可以说是世界上最早推行垃圾分类的国家之一。在 20 世纪 70 年代,日本就开始了垃圾分类和回收利用的实践,并持续完善至今。长期以来,日本在全球范围内以其卓越的环保意识和环境保护措施而备受赞誉。通过实施垃圾分类政策,日本向世界展示了其在环保领域的领先地位和积极态度,这有助于巩固日本在全球环保领域的良好形象。此外,日本的垃圾分类政策提高了居民对环境保护的认识和参与度,突显了日本社会的责任感和行动力。这种社会责任感的体现,对构建日本国家品牌形象起到了积极的推动作用。一方面,垃圾分类政策的实施促进了日本社会文明素质的提升,激发了人们对于文明城市建设的共识和热情。另一方面,日本在垃圾分类和资源回收利用方面积累了丰富的经验和技术,包括智能垃圾桶、自动分类设备等先进技术的应用。这些技术创新不仅提升了日本在环保领域的国际声誉,也为其国家品牌的文化建构提供了有力支持。

我们国家首个实行全程垃圾分类的城市是张家港市。该市从 2012 年开始试点垃圾分类,到 2015 年已全面推广,历时三年左右。张家港市通过垃圾分类政策的实施,展示了城市的治理能力和环保意识。这种积极的环保形象为张家港在国内外赢得了良好口碑,使人们普遍认为张家港是一个重视环境保护、具备创新能力和责任感的城市。这无疑对于城市的形象宣传和品牌建设都是非常有利的。

2) 上海对垃圾分类政策的推行与居民分类意愿

上海市从 2019 年 7 月 1 日开始正式实施强制垃圾分类政策,至今已经持

续推行了约5年。在推行垃圾分类的过程中,上海市采取了一系列具体举措,包括:

(1)立法规定:上海市政府出台了《上海市生活垃圾管理条例》,明确了垃圾分类的法律依据和相关规定,为垃圾分类工作提供了明确的法律支持。

(2)宣传教育:开展大规模的宣传教育活动,包括电视、广播、报纸、网络等多种形式,向居民普及垃圾分类的知识、技巧及其重要性,引导他们养成垃圾分类的良好习惯。

(3)设施建设:在社区、学校、商场等公共场所设置了不同类型的垃圾桶和回收箱,方便居民将各类垃圾进行分类投放。

(4)奖惩机制:引入奖惩机制,对参与垃圾分类的居民给予奖励,对违反垃圾分类规定的行为进行处罚,以激励和引导居民积极参与垃圾分类。

(5)监督管理:加强对垃圾分类和回收利用的监督管理,对不符合规定的垃圾分类行为进行处罚,以确保垃圾分类政策的有效执行。

广泛的社会调查结果显示,上海居民对垃圾分类的意愿普遍较高。他们对环境问题有着较高的关注度,并普遍认识到垃圾分类对环境的重要性,也愿意通过自己的行动来减少垃圾污染和资源浪费。上海居民积极参与垃圾分类行动,愿意主动学习分类知识和技巧,并将其应用于日常生活中。他们自觉地将垃圾分类后投放到相应的垃圾桶中,并支持和配合政府及社区的相关举措。同时,上海居民的社区意识较强,彼此之间保持着良好的合作和互助精神。在垃圾分类方面,居民会相互协助、共同学习和分享经验,形成了一种集体力量,进而推动垃圾分类制度的有效实施。此外,上海市政府在垃圾分类方面给予了积极的支持和重视。他们通过组织宣传教育活动、社区讲座和发放宣传资料等方式,向居民普及垃圾分类的知识和技巧,提高居民的环保意识和参与度。然而,尽管绝大多数上海居民对垃圾分类持积极态度,但也存在个别不配合或不理解的情况。这可能与个人认知水平、生活习惯及社区环境等因素有关。因此,持续的宣传教育和政策引导仍然非常重要,能进一步提高居民的垃圾分类意愿和行为。

垃圾分类和资源化利用是个系统工程,需要各方协同发力、精准施策、久久为功,也离不开广大城乡居民的积极参与、主动作为。上海作为一个高度现代化且社区意识较强的城市,其集体主义的价值观及长期取向的价值观在垃圾分类实践中起到了积极作用,主要表现在:

（1）社区合作：上海居民普遍注重社区合作和邻里互助，这种合作精神在垃圾分类中体现得尤为明显。居民之间会相互协助、共同学习和分享经验，形成了一种集体力量，进而推动垃圾分类制度的有效实施。

（2）共同责任感：集体主义文化强调整体利益高于个体利益，这使得上海居民更能认识到垃圾分类对社区、城市和环境的重要性。他们愿意从集体利益出发，自觉参与到垃圾分类行动中，共同承担起垃圾分类的责任。而在个人主义文化盛行的国家，居民更注重个体的自由和独立，对社会的责任感相对较弱，更强调个人权利的保护和尊重。因此，政府往往倾向于采用奖励机制来推动垃圾分类。

（3）社区宣传教育：上海在推行垃圾分类时，注重社区宣传教育，通过举办社区活动、讲座和发放宣传资料等方式，向居民普及垃圾分类的知识和技巧。在集体主义文化环境中，人们更倾向于参与集体活动，这使得社区宣传教育的效果更好。

（4）政府和社会组织的支持：上海市政府和社会组织在垃圾分类推行中发挥了重要的角色。集体主义文化使政府更易获得居民的支持和配合，同时也促进了社会组织的积极参与，为垃圾分类工作提供了必要的指导和服务。

（5）环保意识强：受长期取向文化影响，人们可能更加清楚环境保护和资源可持续利用的重要性。因此，他们更愿意支持和参与垃圾分类，以实现长期的环境改善目标。

（6）接受延迟回报：长期取向文化中的个体更容易接受为了未来的长期收益而进行的行为改变，包括垃圾分类所带来的环境改善和资源节约。因此，在推广垃圾分类时，可以适当地加强对垃圾分类长期收益的宣传教育。

（7）强调规范管理：长期取向文化的人们更加注重规范和有序的管理方式，他们认为只有通过科学规划和严格管理才能实现长远发展。在垃圾分类方面，我们可以借鉴这种思维模式，建立完善的分类管理机制和配套设施，进而提高分类效率和质量。

3）艺术手段促进垃圾分类

上海在推进垃圾分类实践时采用了许多与艺术相关的方法，以吸引市民的兴趣并提升其参与度。例如，上海在公共空间中设置了许多艺术装置和雕塑，这些由回收材料精心制作而成的雕塑，不仅引人注目，更引导市民对垃圾分类进行深思。此外,垃圾分类的标志性形象也被巧妙地安置在城市的街头巷尾,成为一道独特的风景线。上海还精心举办了一系列与垃圾分类相关的文化活动和表演,通过音乐、舞蹈、戏剧等形式,向市民传达垃圾分类的重要性和影响。这些活动基本在公园、广场、剧院等场所举行,吸引了大量观众参与。此外,上海还推出了一系列富有创意的宣传手段和互动游戏。可爱的卡通形象、轻松幽默的喜剧短片及精美的海报,都以寓教于乐的方式向市民普及了垃圾分类的知识和技巧。而像"垃圾分类挑战"和"垃圾分类知识问答"这样的互动游戏,则通过引入竞争机制,极大地激发了市民的学习热情和参与意愿。值得一提的是,上海市政府通过与艺术家合作,共同开展了诸多垃圾分类相关的项目。在这些项目中,艺术家不仅利用废旧材料创作艺术品,以展示再生和回收的价值,更在社区中与居民一起,以垃圾分类为主题进行艺术创作。

上海交通大学的三位留学生,用彩色黏土创作出一则垃圾回收分类的宣传动画《混放是垃圾,分类成资源》。在这部动画作品中,用三种不同颜色黏土做成的各种废弃物被混合糅在一起,成为一堆难看的垃圾。然而,随着时光倒转,三种颜色的废弃物被分类放置,它们被重新糅合在一起,变成了可以使用的物品。动画以巧妙的构思不仅生动地展示了垃圾分类的巨大益处,更在全国大学生网络文化节公益广告作品征集活动中荣获了二等奖(见图6-23)。

图6-23　垃圾场回收分类宣传动画,作者赤坂居芙美、申熙基、時田有瑳

这些与艺术相关的方法不仅使垃圾分类变得趣味盎然,更通过触动人们的情感,加深了市民对垃圾分类的认知,提升了他们的参与度。同时,这些艺术活动也为城市增添了独特的文化氛围,进一步提升了上海在环保领域的城市形象和品牌影响力。

4) 上海推行垃圾分类对于城市品牌形象的建构

首先,从理念识别的角度来看,上海推行垃圾分类体现了城市可持续发展的重要性。上海将垃圾分类工作纳入生态文明建设的整体框架中,强调环境保护和资源回收利用的理念。这一理念与当今社会对于绿色环保、可持续发展的追求高度契合,有助于树立上海环保先锋城市的形象,为城市品牌的建设提供了有力支持。

垃圾分类是一项涉及全民生活的基础性工程,具有较强的引领作用。它不仅能够培养居民的环保意识和社会责任感,还能引领城市文明风尚的发展。这种文明风尚不仅对城市品牌形象大有裨益,也推动了城市文明的进步,为构建和谐社会注入新的活力。

其次,从行为识别的角度来看,上海垃圾分类的成功实施需要广大市民的积极参与。这反映出市民们出色的环保意识和社会责任感,也表明他们对城市管理的高度认同和支持。通过垃圾分类行动,市民们不仅改变了自己的生活习惯,还参与到城市管理的过程中,共同为城市环境的改善贡献力量。这种积极的行为识别无疑为上海市民树立了良好的形象,展现了他们对可持续发展的坚定追求和强烈的社会责任感,从而进一步提升了城市品牌形象。

最后,从视觉识别的角度来看,上海通过各种视觉元素传达垃圾分类信息。垃圾分类的标志物、分类指示牌等视觉元素在城市中随处可见,给市民和游客留下深刻的印象。这些视觉元素不仅加深了公众对垃圾分类的认识和理解,更成为上海城市品牌不可或缺的视觉符号。当人们看到这些标志物和指示牌时,就会联想到上海这座注重环境保护、推动可持续发展的城市,这为增强城市品牌的知名度和认可度奠定了坚实基础。

综上所述,上海推行垃圾分类不仅是一项环保行动,更是塑造城市品牌形象的重要举措。通过理念识别、行为识别和视觉识别三个方面的分析,我们可以看到上海推行垃圾分类在城市品牌形象建构中的积极作用。它不仅成功树立了上海作为环保先锋的城市形象,而且凝聚了市民的广泛参与和鼎力支持,进一步提升了城市品牌的知名度和认可度。上海推行垃圾分类的宝贵经验值得其他城市借鉴,且有助于共同推动中国城市的可持续发展,打造更美好的明天。

4. 新加坡城市品牌更新

1) 新加坡城市品牌 SWOT 分析

新加坡别称狮城,国土面积约 719.1 平方公里,总人口约 545 万人。20 世纪 70—90 年代,新加坡经济高速发展,与韩国、中国香港、中国台湾共同被誉为"亚洲四小龙",成为全球最国际化的国家和地区之一。新加坡的经济属于外贸驱动型,以电子、石油化工、旅游服务业与金融为主要经济支柱,高度依赖中、美、日、欧和周边市场。新加坡是一个多元文化的移民国家,国内有华人、马来西亚人、印度人、欧洲裔等多个族群。这些人群来自截然不同的母体文化:儒家文化、东南亚文明、印度文明和西方文明。历史上,新加坡曾多次爆发过种族冲突,因此历届新加坡政府都积极推行多元一体的民族政策,将促进种族和谐作为治国的核心政策。

经历了 20 世纪的迅猛发展,新加坡如今面临着一个极具挑战性的营销环境。一方面,随着全球化的推进,消费者眼界日益开阔,有机会游历世界各地,且互联网媒体空前发展使消费者能够轻松获取各类资讯。在这种情况下,消费者变得越来越精明,需求也日益多样化,仅凭现代化的建筑和优美的城市环境已经很难完全满足他们。另一方面,全球各地的旅游目的地也正在清晰自身定位,加紧开发新的景点与服务项目,形成高度竞争的局面。面对这种情况,新加坡受到资源限制与根深蒂固的种族问题的双重压力。为了实现未来几年旅游收入的持续增长,新加坡需要加大营销力度,更好地把握快速变化的趋势并抓住机遇。

笔者通过对新加坡城市品牌进行 SWOT 分析,发现:

(1) 新加坡的优势(S)在于其多元文化、良好的公民素质、优越的地理位置与便利的交通、出色的城市环境建设。新加坡人在日常生活和工作中鼓励多元化,不同种族和宗教信仰的人们和谐共处。新加坡的城市整洁、现代,充分考虑到不同人群的需求,特别是对女性、儿童等弱势群体给予了特别的关爱。此外,新加坡拥有丰富的画廊、艺术馆和博物馆,公民素质普遍较高。新加坡还被称为"最安全的国家",以安全、低犯罪率、居民奉公守法而闻名世界。

（2）新加坡的劣势（W）在于国土面积狭小,自然资源有限,且经济在很大程度上依赖向各国出口,生活成本较高。新加坡国土面积仅约 719.1 平方公里,缺乏发展旅游业的名山大川等土地资源。同时,新加坡没有天然的湖泊和河流,淡水资源匮乏。作为出口导向型国家,新加坡受他国特别是美国市场情况影响非常大。目前,新加坡正在试图拓宽中国与印度市场,但仍面临诸多困难。

（3）新加坡的机会（O）在于数字技术、航空、医疗和能源等关键行业的扩张,这些行业的发展为新加坡带来了新的国际合作与就业机会。同时,旅游方式的创新和新国际航线的开辟也为新加坡的旅游业带来了新的发展契机。此外,与中国等新市场合作的加深也为新加坡带来了更多发展的可能。

（4）新加坡的威胁（T）在于消费者需求的变化及旅游业面临的国际竞争压力。同时,网络安全与恐怖主义也是新加坡面临的高度威胁。尽管得益于安全机构的努力,新加坡尚未遭受到恐怖袭击,然而,严格的出入境管理政策在一定程度上可能对游客的到访造成不便。

这些不利因素与威胁既有近年来随市场及周边国际环境改变而产生的新问题,也有长期困扰新加坡的难题。事实上,新加坡一直在创新求变的道路上不断探索。

2) 新加坡的城市品牌更新

新加坡的资源稀缺情况使其对城市品牌格外重视。通过城市品牌形象的塑造,新加坡能够赢得超值利益,强化自身优势在人们心目中的印象,并化解劣势带来的不利影响。新加坡共和国自 1965 年成立,70 年代推出"令人惊讶的新加坡"口号,1996 年提出口号"新加坡——新亚洲",2004 年进一步提出"独一无二的新加坡",到 2010 年变为"你的新加坡",直至 2017 年再次提出新的口号"新加坡——激情成就可能",共经历了五次城市品牌的更新发展（见图 6 - 24）。

为了实现其营销战略,新加坡研究了目标市场在过去几年中的发展,以及各种计划和活动对消费者的影响,得出了其市场营销的 3 个战略推动力:

（1）瞄准正确的目标群体。

（2）讲述一个伟大的新加坡故事。

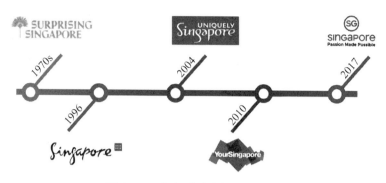

图 6‑24　新加坡城市标志的演变

（3）加强传达的能力。

（资料源于新加坡旅游局网站 https://www.stb.gov.sg）

战略推动力 1：瞄准正确的目标群体

新加坡虽缺乏物质资源，但有着丰富的文化资源，且在国际上享有良好的声誉。这里既有不同种族居民带来的多元文化，又有现代科技与艺术交融的国际顶级新媒体公共艺术作品，国际化都市建筑景观，还有由著名大学、博物馆、科技馆、美术馆形成的科学文化氛围，以及放松休闲的海滨沙滩度假地。这些资源都为游客提供了多样的选择。要找到对这些文化资源感兴趣的潜在消费者，并精准描绘他们的画像，才能有针对性地向他们讲述新加坡的品牌故事，传递新加坡的品牌文化。

为了找到合适的目标受众，需要改进当前的市场细分方法，即以目标群体和市场为中心制定策略。

首先，作为开放的国际化都市，新加坡吸引的是来自全球各地的旅游者。因此，需根据旅游偏好和收入水平来定义目标客户，将其细分为不同的全球客户群体。在全球客户细分市场中，新加坡旅游局通过心理和人口特征来加深对目标受众的理解，这有助于区分不同的角色，并进而提高内容质量来吸引他们的注意。通过分析过往数据和评估未来潜力，新加坡探索五个不同的客户细分市场，并将它们大致分为以下类别：

（1）早期职业者：年龄在 25～34 岁的单身或年轻夫妻，有工作。在亚洲，这个年龄段的旅游者的旅行消费几乎占了亚洲国际旅行费用总额（6 000 亿美元)的 35%。他们寻求真实的体验,渴望深入当地文化,并更乐于接受新奇体验。这些旅游者重视旅行的自主性,且对技术高度了解。新加坡的多元文化为他们提供了沉浸式的体验。然而,这部分消费群体也最难满足,他们追求新奇但又容易厌倦,且他们拥有更多异质文化的体验选择。

(2) 有 12 岁及以下幼儿的家庭。亚太地区的家庭旅游是一个价值 290 亿美元的庞大市场。对于家庭旅游者来说,假期被视为与孩子们建立联系并创造美好记忆的机会。新加坡为吸引有小孩的家庭做了充分准备,其多元文化和广泛的教育娱乐项目为父母们提供了丰富的选择。新加坡对儿童十分友好,许多公共设施都充分考虑到儿童的需求。这对于带着孩子旅行的父母来说,具有很大的吸引力。

(3) 稳定职业者:40～49 岁的单身或夫妻,有稳定的工作。这是一个有价值的细分市场,他们有较高的可支配收入,并愿意将金钱用于个人消费与体验上。在全球范围内,该年龄组都是一个豪华旅游的快速增长市场,他们倾向于追求高质量和独特的体验。

(4) 有活力的银发族:年龄在 55 岁以上的退休人员。随着老龄化,亚太地区在未来十年内将增加超过 2.5 亿人的银发族旅游者。在 2015 年,55 岁以上的游客的旅游消费占新加坡休闲旅游收入的 23%。新加坡需要更深入地了解这个年龄段的需求,以充分发掘其经济潜力。

(5) 商务活动访客。他们是新加坡旅游业的重要组成部分,以 30～49 岁独行男性为主。2014 年,该群体人均消费 1 195 美元,几乎是休闲游客的两倍。他们重视便利性和服务,期望工作与旅游能够无缝衔接。

其次,通过加强自身基础建设来平衡市场组合。目前,新加坡近 80%的游客来自东南亚地区。这主要由于路途较近且在文化上有一定相近之处,新加坡容易得到该地区游客的认同。但同时,在立足亚洲的基础上,新加坡应面向亚洲以外的市场进行多元化发展,以扩大游客范围。为推动旅游资源的可持续增长,还需要重点考虑四个客户群体的来源:

一是维持和扩大印度尼西亚、中国和印度市场。在文化相近的基础之上,研究如何充分利用新加坡的多元文化特色来提升游客体验。

二是在韩国和日本等亚洲市场加大市场营销力度。

三是在美国和英国等传统市场进行更多投资。

四是增加对俄罗斯和瑞士等高增长国家的吸引力。

战略推动力 2：讲述一个伟大的新加坡故事

品牌故事是与消费者建立情感连接的有效手段，它应具有独特性、标识性和便于传颂的特点。美国的品牌故事就是"美国梦"，它使人们相信只要在美国经过不懈奋斗便能获得更好的生活，这一故事长期以来激励着全球无数怀揣梦想的年轻人。同样，新加坡也意识到，要塑造一个响亮的城市品牌，就需要讲述一个伟大的新加坡故事。

在当今信息爆炸的时代，消费者每天都被大量的信息所包围。只有那些独具特色且能吸引消费者注意力的信息才有可能脱颖而出。品牌必须能够讲述更好的故事，才足以吸引消费者的注意。因此，新加坡首先需要一个伟大的故事，一个能由不同人以多种方式讲述的、关于新加坡及其独特性的故事。同时，基于新加坡的建国历史与种族纠葛，新加坡也需要这样的故事来加强民族的和谐、团结与自信。

为此，新加坡旅游局与经济发展局合作，共同凝练新的城市品牌故事。他们对近 4 500 名受访者进行了定性和定量研究，以探讨新加坡的内涵。这一研究覆盖了新加坡及其他 10 个国家的居民、行业利益相关者和国际游客。受访者普遍认为，"激情"和"可能性"的主题最能反映新加坡精神，"可能性"与新加坡有着强烈的联系，而"激情"是推动这些可能性的动力。这两个主题根植于新加坡的历史中，深植于国家的精神之中。

新加坡建国时间不长，但在短短的时间里创建了这样一个世界瞩目的城市。正是新加坡人通过自己的激情和努力，克服了种种障碍，才完成了一个又一个壮举。这些人民的故事，使激情成为可能，见证了国家不断创新的过程。新加坡是一个多元文化的社会，移民带来了各自独特的文化和传统，丰富了新加坡的文化景观。新加坡移民努力克服逆境，追求梦想，并为新加坡社会的发展作出了重要贡献。通过捕捉这些民族精神，将使城市品牌故事与新加坡人建立深厚的情感联系。同时，对于潜在游客和投资者来说，这也将有助于巩固他们对选择新加坡作为旅游和投资目的地的信心。

经过对城市品牌的重新凝练，新加坡旅游局与经济发展局共同推出了一个统一的品牌"新加坡——激情成就可能"（见图 6 - 25），以推进新加坡的旅游和商贸。这一口号的核心是对新加坡国家及其人民精神的表达,而不仅仅是对新加坡的描述。它通过挖掘本土英雄及普通居民的生活故事,展现了新加坡人独特的品质:拥有一种激情驱动、永不落定的决心与不断追求可能性和革新的精神。正如他们的城市口号所表达的那样:"激情新加坡""心想狮城(心想事成)",这些品牌故事给予受众激励与积极的情绪引导,让他们充分感受到新加坡的激情与无限可能性。

图 6 - 25　新加坡城市标志与口号

这个品牌定位符合优质旅游业的要求,因为它将吸引那些寻求更高旅游价值的成熟游客。新的城市品牌不仅讲述了新加坡人以激情创造的辉煌成就,更是以旅游者的激情为目标,吸引那些希望像当地人一样生活,并通过旅行改变生活方式的游客。激情超越了国家、种族与文化的界限,汇集了志同道合的人们。新加坡城市品牌通过热情与目标受众进行交流——无论是作为美食家、探险家、收藏家,还是行动派,它都不仅展示了新加坡所能提供的体验,更关注于如何满足游客的各种愿望和可能性。它吸引游客的不只是他们能在新加坡做什么,更是他们能在这里遇到志同道合的人,并重新点燃内心的激情。

战略推动力 3：加强传达的能力

当有了一个伟大的故事和目标受众的支持后，经营者需要将故事更好地传递给受众。新加坡寻求个性化的营销方式，以确保对目标受众产生最大的吸引力。因此，第三个战略重点是优化信息传递，确保在恰当的时间、地点向恰当的人群提供恰当的内容和信息。在这一推动力下，战略核心集中在构建正确的生态系统上，从而更好地讲述新加坡故事。

在这个信息爆炸的时代，问题不在于缺乏好的故事和信息，而在于如何高效地收集、管理和传播信息。新加坡旅游局在构建和管理一个综合性平台方面扮演着关键角色，该平台能够整合丰富的目的地信息，并为游客提供更友好的服务。他们创建了一个信息和服务中心，该中心汇集了最新的目的地信息和服务内容，并使其能在合作伙伴和平台之间顺畅流通且及时更新。服务中心从多个数据来源中汲取见解，从而能够以高度个性化的方式对目标市场作出响应，以吸引潜在消费者的注意力，引发更深入的参与，创造销售机会并推动转化。

朋友口中说出的话、讲述的故事，要远比从大众媒体中听到的信息更能让人产生信任感。因此，口碑营销是最为强大的营销渠道。新加坡应让居民和旅游者通过口碑传播来向朋友和家人讲述自己的故事。为了向当地居民及旅游者提供准确的信息、动力和平台，新加坡政府采取创新举措，让当地居民及旅游者有机会接管媒体一天，分享他们在新加坡的独特经历。同时，通过使用社交平台，新加坡人能与游客和海外目标市场基于共同兴趣和热情建立联系。

此外，为了紧跟最新趋势并建立文化和实验机制，新加坡旅游局设立了一个营销创新基金。通过这个基金，具有创意的公司可以与新加坡旅游局合作测试新的营销概念。这是一种渠道创新的大胆尝试，旨在更有效地推广新加坡的魅力。

5. 中华文明标识——玉

1）中华文明标识研究的时代背景

中华文明，作为中华民族独一无二的精神标识，宛如中华民族在世界文明版图中的"身份证"与"识别码"，更是我们在全球文化激荡中坚定立足的根基。而中华文明标识，作为精心提炼的代表性文化符号，深刻投射出中华文明的精神特质,凝聚着其核心内核,向世界彰显着中华文明的源远流长与深厚人文底蕴。无论是在国内构筑我国文化安全的坚固防线,还是在国际上讲述中国故事、展现中华文明的悠久历史与丰富内涵,深入理解中华文明的精神标识、明确其重要价值、把握提炼原则、厘清主要来源以及规范传播的"编码"方法,都显得至关重要。

文明标识体系旨在将一个国家或民族的核心文化价值、精神追求与行为规范等,通过符号化的方式予以表征,使其成为本国国民乃至全球范围内广泛认同的文化符号体系。然而,中国传统文化源远流长、博大精深,在中国历史长河中闪耀光芒的文化、科技、思想成果不计其数,对人类发展产生深远影响的也不在少数。那么,究竟有哪些标志性文化符号能够脱颖而出,成为整个中华文明的标识呢? 国内外学者已从不同视角提出了各自的见解。

在宏观研究层面,"文明标识"概念的界定处于不断演进之中,其内涵与外延的研究也从模糊逐渐走向清晰。陈勇勤将文明标识定义为"衡量文明程度的标准"。霍万俊提出"仁义礼智信"是中国传统文化的精神标识,核心价值观为中华现代文明的精神标识。都晨认为承载于中国器物、文艺、生活中的人文精神能够跨越国界、引发共鸣。吴阿娟等提出需要高度凝练且富有表现力的精神标识,以反映共同体意识的价值性,发挥融通中外情感世界的双向建构功能。朱志伟指出中华文明的精神标识是传承中华文明、传承中华优秀传统文化的核心载体,其话语表述、语言文字和文化遗产等共同构成了主要来源。陆卫明等提出中华文明的精神标识集中体现在宇宙观、天下观、社会观、道德观四大方面所构成的立体系统中。

在微观研究方面,部分学者聚焦于文化传播的实践层面,致力于提炼展示中华文明的精神标识。那我军提出华夏古城池是中国万年文明的标识。陈建华等将中国陶瓷定位为中华文明的重要标识之一。Kai-Fu Y 等认为汉字标志是传播民族文明的最佳手段。霍彦儒等提出黄帝陵是中华文明的精神标识。此外,还有学者从人工智能与算法技术的角度,为中华文明标识研究提供新的方法与视角。Yang L 等通过结合生成对抗性网络,构建了一个基于视觉图像的中国民族文化认同符号生成模型,能够生成高性能的民族文化符号。Qi L 等基于自然语言处理对中国传统文化元素进行分类。Han X 以中国文化符号为核心,运用基于随机矩阵的多元统计方法进行聚类分析,构建了中国文化符号研究的评价指标体系。

2) 品牌文化视域下的中华文明标识

从品牌文化研究的视角来看,本书第五章提及中国文化符号是能够代表中国文化、具有突出影响力的象征形式系统。中华文明标识则是中国文化精髓与中华文明精神标识的高度凝练,涵盖精神标识、符号象征、物质文明、非物质文明等多个维度。中华文明标识的提炼应遵循以下标准:

其一,中华文明标识应具备高度的可识别性,以区别于其他文明。中华文明对整个东方文明产生了深远的影响,日本、韩国及东南亚国家等都深受其惠。孔子、孟子所倡导的儒家思想在东亚地区广泛传播,影响深远。例如,朝鲜半岛的新罗王朝仿唐制设立国学,以儒家经典为主要教学内容,培养国家所需人才,儒家思想中的"仁、义、礼、智、信"等道德观念逐渐成为当地社会的价值准则。汉字作为中华文明传播的重要载体,在古代东亚各国被广泛使用。日本、韩国等虽在汉字基础上创制了自己的文字,但在现代语言中仍保留大量汉字词,汉字在正式场合、学术著作和文学作品中仍频繁使用。如日本的历史典籍《古事记》《日本书纪》均用汉字书写,越南在法国殖民前的官方文字一直是汉字。汉字的传播促进了东亚各国在文化、文学、历史等领域的交流与融合,在中华文化影响下,东方文明呈现出鲜明的集体主义倾向,个人荣辱与家庭、社会紧密相连。同时,中华文明在与其他国家文化交流过程中兼收并蓄,将外来文化融入自身体系。如佛教起源于印度,在汉代传入中原后,逐渐与儒家、道家思想融合,共同影响人们的行为规范和价值取向,成为社会伦理道德的重要组成部分。

其二,中华文明标识应兼具历史性与现代性,以体现中华民族数千年勤劳勇敢、持续奋斗所创造的伟大成就。中华文明是世界上传承最悠久且从未断绝的文明,四大文明古国中唯有中国延续至今。此外,中华文明高度发达,不仅文化传承深远,在科技领域也曾长期领先世界。先秦时期,中国在农业、天文、医学等方面成就显著,如水稻种植技术的应用、《黄帝内经》等医学典籍的问世,留下的世界上首次关于哈雷彗星的确切记录也比欧洲早六百多年。指南针、造纸术、印刷术和火药四大发明更是推动了人类的进步,拓展了人类探索世界的步伐。尽管明清时期科技发展落后于西方,但现代中国在技术创新、生产制造等方面已重回世界前列,在量子技术、新能源汽车等领域处于领先地位。

其三,中华文明标识应能够回溯中华文化母体符号,根植于中华民族的共同记忆之中。构建中华文明标识需探寻决定其他符号承载内容与发展方向的"元符号",即回归母体符号这一基本文化元素单位。中华文明标识应蕴含一系列反映中华文明之根与魂的标识性概念,从这些概念的基本构成进行筛选、分析、解构、重组与融合,并结合当代语境,生成具有真正识别性且适合多模态传播展示的新符号。例如,中华传统文化中的"太极"就是一种元符号,它体现了相互对立又相互依存的两种力量或属性。太极中的阴象征消极、柔弱、黑暗、寒冷、雌性等特质,阳象征积极、刚强、光明、炎热、雄性等特质,阴阳之间是动态、相互转化的关系,体现了中国传统哲学对世界构成和变化规律的基本认识,而太极拳则是"太极"这一元符号的具体体现。

其四,中华文明标识在对外传播时应能展现中华民族的精神内核。中华文明标识承载着中华民族数千年的智慧、价值观与独特魅力,在对外传播中展示出民族精神内核的意义非凡。通过精心挑选和深入阐释这些标识,能够跨越文化差异,让世界更好地理解中华民族的精神,欣赏中华文明的独特性与价值,促进不同文明之间的交流互鉴与和谐共处。例如,中国传统哲学思想中的"天人合一"理念强调人与自然的和谐统一,与西方生态哲学强调人类与自然相互依存、尊重自然、保护生态平衡的思潮存在共鸣,为其在西方的传播奠定了基础。

3) 中华文明标识——玉

中华文明延续数千年,玉器是其区别于世界其他文明的重要标志之一。玉器自中华文明起源时期便已出现,并伴随其发展至今,各个历史时期均有代表性器物出土,其影响力之深远,不仅其他国家的玉器难以企及,即便在中国历史上出现的青铜器、陶瓷器、漆器等器物也无法与之相比。

中国是世界上最早使用玉器的国家,早在旧石器时代晚期就已开启玉文化的历史。距今约 1.2 万年的辽宁海城小孤山仙人洞旧石器遗址出土的三件浅绿色玉质砍斫器,是目前所知世界上最早使用玉材的实物证据。玉器起源与石器分化同步,真正开始使用玉器是在人类进入文明社会的新石器时代之后。远古先民在制作石器的过程中发现玉的色泽、质地、硬度优于普通石头,于是有意识地选择玉材进行加工,制作出早期玉器形态。在距今 8 000~9 000 年的黑龙江小南山遗址、内蒙古兴隆洼文化遗址、辽宁阜新查海遗址出现了区分等级的用玉现象,其中小南山遗址出土的玉玦是我国目前发现最早的真玉器。

玉器在公元前 3 500~公元前 3 000 年的红山文化、大汶口文化、良渚文化等多处史前遗址中均有发现,这种系统、不间断的大规模用玉制度与高度发达的文明相伴而生。玉是中国古人最早用于与神明沟通的媒介,其出现时间远早于甲骨文。这种精美的山岳精英材料不仅代表权力与财富,还是祭典中的通神礼器,因其美观而被视为奉献给天神与祖先的佳品,所以史前玉器多以神像为主要题材。后来,玉器发展出更为复杂的使用规制,成为政治礼制的组成部分。《周礼》中记载的"六器"——璧、琮、圭、璋、琥、璜均为承载着重要意义的玉器,在不同场合发挥着独特的作用。《周礼·春官·大宗伯》中记载:"以玉作六器,以礼天地四方:以苍璧礼天,以黄琮礼地,以青圭礼东方,以赤璋礼南方,以白琥礼西方,以玄璜礼北方……莅玉邑,省牲镬,奉玉齍,诏大号,治其大礼,诏相王之大礼。"句句提及玉,可见玉器在古代与天地沟通仪式中的重要作用。

玉器大多雕琢有繁复精美的纹样,如商代的弦纹璧,周代的龙、凤、鸟纹,春秋战国时期的谷纹、卧蚕纹、蟠螭纹、云纹等。这些纹样不仅具有美化作用,更代表了古人对神明、先人的敬畏,寄托着护佑、祝福的祈愿。在先秦时代,生产力低下、生产工具落后,但人们能制作出如此精美的纹样,不仅有阴刻线条,还有许多立体浮雕纹饰,彰显出制作者对玉器的虔诚之心。

玉在中华文化中具有多元重要身份,除宗教意义外,还是政治身份认同的重要符号。"传国玉玺"自秦统一六国后,成为政权"大一统"和合法性的唯一象征符号,此后历代王朝更迭,传国玉玺始终是政权合法性的重要象征。《周礼》还记载了象征身份地位的"六瑞"——"王执镇圭,公执桓圭,侯执信圭,伯执躬圭,子执谷璧,男执蒲璧",对不同身份地位的人所执玉器有明确区分。

秦汉时期,葬玉发展至顶峰,体现了中华文明中"以孝治天下"的社会文化。"唯玉为葬"凸显了玉器在丧葬仪式和墓葬中的核心地位,具有不可替代的重要意义。在古代观念中,玉被认为具有神秘力量,可保持尸身不朽,如河北省满城陵山一号汉墓出土的西汉中山靖王刘胜的金缕玉衣。此外,玉还被视为辟邪之物,能守护死者灵魂免受侵扰,墓葬中放置的玉蝉(寓意灵魂不死、蜕变重生)、玉握(通常为猪形,象征财富等含义)等玉器,都具有庇护灵魂的作用。

宋元明清时期,玉器呈现出世俗化、平民化的发展趋势,佩玉成为全社会的普遍风尚。在中国传统文化中,玉被赋予诸多美好品德,如"仁、义、智、勇、洁"。古代仁人君子被形容为"君子如玉",并被要求具备玉的品德,即"比德于玉"。因此,佩戴和使用玉器成为有身份、有修养之人的标志。在社交场合和文人雅士交往中,身上的玉器配饰能体现一个人的品德和文化素养,成为身份象征。同时,玉也被视为和平的象征,所谓"化干戈为玉帛",就是将代表战争的盾与戈转化为代表友好往来和富足的玉与布帛。在国际传播语境中,玉所代表的君子之风与和平友好意愿具有积极意义。

正如《中国社会科学报》所总结的那样:中国历史上没有哪种器物能像玉这般贯穿整个中华文明发展史,并始终占据如此崇高的地位。玉器作为中华文明最悠久的载体之一,将华夏各地的古老文明紧密相连。因此,玉堪称中华文明中最具标识意义的"母体符号"。

参考文献

[1] 安妮塔·埃尔伯斯. 爆款:如何打造超级 IP[M]. 杨雨,译. 北京:中信出版社,2016.

[2] 班晓悦. 玉文化折射文明演进历程[N]. 中国社会科学报,2022 - 06 - 27(002).

[3] 蔡林杉. 消费主义、技术与视觉文化:漫威电影青年亚文化建构的三个支点[J]. 传媒,2019(2):44 - 46.

[4] 陈格雷. 超级 IP 孵化原理[M]. 北京:机械工业出版社,2020.

[5] 陈建华. 中国陶瓷充当世界展会看客 千年文明标识陷尴尬[EB/OL]. (2006 - 10 - 27)[2024 - 12 - 12]. https://www. dzwww. com/caijing/cybd/200610/t20061027_1839235. htm.

[6] 陈墨,余隋怀,王伟伟,等. 文化创意产品的设计方法与路径[J]. 包装工程,2019,40(24):1 - 10.

[7] 陈勇勤. 文明标识、传统理念与东西方经济文化的基因[J]. 新视野,2003(4):45 - 47.

[8] 崔海浪,聂元昆. 基于心理契约维度的品牌关系研究综述[J]. 中国市场,2022(7):1 - 5.

[9] 丁俊武,杨东涛,曹亚东,等. 情感化设计的主要理论、方法及研究趋势[J]. 工程设计学报,2010,17(1):12 - 18,29.

[10] 都晨. 全面多元彰显中华文化之美[N]. 人民日报,2021 - 09 - 30(009).

[11] 段炼. 绘画图像的符号化问题:视觉文化符号学的读图实践[J]. 美术研究,2013(4):59 - 63.

[12] 樊燕妮. 平面设计中审美元素的艺术化表现[J]. 包装工程,2022,43(2):393 - 395,399.

[13] 范彬. 现代性语境下文化全球化主体研究[J]. 深圳大学学报(人文社会科学版),2016,33(5):67 - 71.

[14] 菲利普·科特勒,凯文·莱恩·凯勒. 营销管理[M],王永贵,于洪彦,何佳讯,等译. 上海:上海人民出版社,2009.

[15] 弗斯顿伯格. 非营利机构的生财之道[M]. 朱进宁,赵永仁,程尔普,等译. 北京:科学出版社,1991.

[16] 付文涛. 解析视觉识别系统中的设计文化符码三层论[J]. 包装工程,2008(6):130 - 132.

[17] 傅琳雅. 数字技术驱动下消费者:品牌关系研究综述[J]. 西南石油大学学报(社会科学版),2021,23(1):53 - 59.

[18] 黄合水. 品牌延伸可以做大馅饼　但要避开陷阱[N]. 每日经济新闻,2021 - 11 - 26 (006).

[19] 霍彦儒. 黄帝陵是中华文明的精神标识:兼谈黄帝祭祀"拜庙不拜陵"[J]. 华夏文化, 2015(4):6 - 8.

[20] 季爱民,邹顺宏. 论后现代文化观的发展困境[J]. 西南民族大学学报(人文社科版), 2015,36(8):205 - 209.

[21] 蒋原伦. 都市空间与都市文化[J]. 中国图书评论,2012(11):24 - 26.

[22] 蒋重跃. 玉出山河　以见文明——评《"玉"见中国:玉器文化与中华文明》[N]. 光明日报,2024 - 12 - 12(11).

[23] 凯文·莱恩·凯勒. 战略品牌管理[M]. 李乃和,李凌,沈维,等译. 北京:中国人民大学出版社,2003.

[24] 克洛泰尔·拉帕耶. 文化密码[M]. 陈亦楠,李晨,译. 海口:南海出版公司,2008.

[25] 拉里·A. 萨默瓦,理查德·E. 波特,埃德温·R. 麦克丹尼尔. 跨文化传播[M]. 闵惠泉,贺文发,徐培喜,等译. 北京:中国人民大学出版社,2013.

[26] 李飞. 平面设计元素视觉表现的多维化[J]. 艺术科技,2019,32(3):196.

[27] 李厚锐. 面向"Z世代"的精准化国际传播[J]. 上海交通大学学报(哲学社会科学版), 2023,31(9):53 - 62.

[28] 李艳,张晓刚. 影视剧艺术创作中方言符码的文化语义学功能探析[J]. 艺术百家, 2012,28(5):211 - 215.

[29] 利奥塔. 后现代性状况[M]. 岛子,译. 武汉:湖南美术出版社,1996.

[30] 梁婷婷,杨子. 作为营销手段的视觉符号传播:试析泛化的视觉营销说服及其与视觉文化之关系[J]. 当代传播,2004(6):69 - 71.

[31] 梁英. 大众叙事与主流文化[J]. 现代传播(中国传媒大学学报),2007(3):150 - 152.

[32] 刘和. 符号学视角下的"图像语言"研究[D]. 南京:南京师范大学,2019.

[33] 刘水平. 神的历程:论精英艺术与文化变迁[J]. 华中师范大学学报(人文社会科学版), 2004(3):111 - 116.

[34] 刘伟斌. 当代视觉文化意识形态治理路径研究[J]. 四川理工学院学报(社会科学版), 2018,33(5):48 - 58.

[35] 刘钊. 都市文化:危机及拯救[D]. 苏州:苏州大学,2014.

[36] 陆卫明,邓皎昱. 中华文明精神标识的审思及其实践路径[J]. 华夏文化论坛,2023(3): 3 - 11.

[37] 罗伯特·麦基. 故事:材质、结构、风格和银幕剧作的原理[M]. 周铁东,译. 天津人民出版社,2014.

[38] 罗兰. 符号·叙事·话语:构建中华民族现代文明标识性概念的文化之维[J]. 社会主义研究,2024(4):20 - 28.

[39] 蒙象飞. 文化符号在中国国家形象建构中的有效运用[J]. 社会科学论坛,2014(6): 226 - 230.

[40] 孟华. 符号表达原理[M]. 青岛:青岛海洋大学出版社,1999.

[41] 孟建.视觉文化传播:对一种文化形态和传播理念的诠释[J].现代传播,2002(3):1-7.

[42] 孟庆艳.文化符号与人的创造本性[D].长春:吉林大学,2006.

[43] 那我军.华夏城池:中国"万年文明"的标识[J].漳州职业大学学报,2001(1):27-30.

[44] 齐峰,贾中海.文化霸权解构与多元文化建构:从葛兰西到萨义德的文化霸权批判理论探究[J].北方论丛,2015(02):134-139.

[45] 强乃社.西方都市文化:从现代性到后现代性的嬗变[J].华中科技大学学报(社会科学版),2014,28(5):19-25.

[46] 让·波德里亚.消费社会[M].刘成富,全志钢,译.南京:南京大学出版社,2014.

[47] 沈杰,陈玉真.Z世代的崛起与虚拟社会化的终结[J].中国青年社会科学,2023,42(3):32-41.

[48] 史蒂夫·萨马蒂诺.碎片化时代:重新定义互联网+商业新常态[M].念昕,译.北京:中国人民大学出版社,2015.

[49] 孙海沙.当下中国文化期刊的符码研究[D].武汉:华中师范大学,2009.

[50] 索尔斯坦·凡勃仑.有闲阶级论[M].甘平,译.上海:上海译文出版社,2019.

[51] 索晓霞.乡村振兴战略下的乡土文化价值再认识[J].贵州社会科学,2018(1):4-10.

[52] 唐翼明.中华的另一种可能:魏晋风流[M].北京:民主与建设出版社,2014.

[53] 唐振耘,闫方洁.大众文化在青年主流文化认同塑造中的效用及其路径[J].中央社会主义学院学报,2022(5):182-190.

[54] 特雷弗·林,苏诚一.反主流文化[J].国外社会科学文摘,1983(12):23-25.

[55] 王春晓.文化符码·国际视野·彰显中国梦:"一带一路"题材纪录片的跨文化传播[J].当代电视,2019(3):69-71.

[56] 王敦.都市文化空间的听觉性问题[J].文艺争鸣,2016(10):143-150.

[57] 王菲.品牌忠诚的消解和品牌关系的重塑[J].国际品牌观察,2021(11):46-47.

[58] 王海忠.品牌管理[M].北京:清华大学出版社,2014.

[59] 王建新.跨文化的"符号帝国":美国华裔文学版本举隅[J].中国图书评论,2012(10):96-98.

[60] 王蕾,许慧文.网络亚文化传播符码的风格与转型:以哔哩哔哩网站为例[J].当代传播,2017(4):69-72.

[61] 王昱廷.玉作为中华文明精神独特标识源于其具备的中华文明突出特性[J].艺术与设计,2024,1(Z2):253-256.

[62] 沃尔夫冈·谢夫,J.P.库尔文.品牌思维[M]李孙楠,译.北京:中国华侨出版社,2021.

[63] 吴阿娟,韩阳.从文化符号到精神标识:对外传播中优秀传统文化的提炼与融通[J].天津师范大学学报(社会科学版),2023(6):43-51.

[64] 吴伟,代琦.国外城市品牌定位方法述要[J].城市问题,2010(4):89-95.

[65] 吴之昕,韩亚文,郭锋萍.后现代文化批判视域下培育高校文化生态的反思[J].江苏高教,2020(3):78-81.

[66] 萧冰,陈昕雨.城市品牌形象[M].上海:上海交通大学出版社,2020.

[67] 萧冰,王茜.广告的力量[M].上海:上海交通大学出版社,2016.

[68] 熊佛西.编剧原理[M].上海:上海人民出版社,2016.

[69] 熊向晖.我的情报与外交生涯[M].北京:中信出版社,2006.

[70] 徐枫.可持续发展观与人类文明转型[J].人民论坛,2020(32):32-35.

[71] 薛军伟,罗三川.由"时代之眼"所引发的思想震撼和理论转向:从巴克森德尔到布尔迪厄[J].贵州大学学报(艺术版),2023,37(5):9-16.

[72] 杨超,付大坤.大学精英文化化及其对大众文化的价值引领[J].国家教育行政学院学报,2011(8):24-27.

[73] 杨美新,郭燕萍.网络圈群中的主流意识形态认同:价值、藩篱与实现路径[J].湖南科技大学学报(社会科学版),2021,24(6):154-161.

[74] 佚名.如何理解中华文明的"精神标识"?[N].学习时报,2023-03-20(004).

[75] 张秉福.精英文化的现代使命[J].四川大学学报(哲学社会科学版),2004(S1):256.

[76] 张法.20世纪的哲学难题:符号世界的发现及其后果[J].中国人民大学学报,2001(4):31-36.

[77] 张国良.传播学原理[M].上海:复旦大学出版社,2021.

[78] 张佳怡.消费主义影响下武汉老字号品牌的视觉文化研究[J].美与时代(上),2021(11):34-37.

[79] 张军.山西传统手工艺品牌立场与价值创建[J].设计艺术研究,2022,12(01):61-64,70.

[80] 张路.符号学视角下日本动画符号系统建构与受众消费研究[D].长春:吉林大学,2020.

[81] 张鹏.20世纪西方视觉现代性理论的谱系研究[D].西安:西安美术学院,2021.

[82] 张淑娟,李庆堂.构建中华文明标识体系的逻辑框架、符号表达与实现路径[J].贵州大学学报(社会科学版),2024,42(6):11-21.

[83] 张曦.绿色设计理念在平面设计中的运用分析[J].绿色包装,2020(2):53-56.

[84] 张喜淋,方方.自下而上注意的神经机制[J].应用心理学,2017,23(2):99-109.

[85] 张晓东.中国传统图形与品牌视觉形象设计研究[D].北京:中央民族大学,2011.

[86] 张志巧.大力传承和弘扬优秀乡土文化[N].中国社会科学报,2022-04-14(008).

[87] 章舜粤.构建中华文明标识体系的历史逻辑、理论逻辑与丰富内涵[J].重庆工商大学学报(社会科学版),2024,41(6):10-18.

[88] 赵勇.不同媒介形态中的大众文化[J].辽宁大学学报(哲学社会科学版),2011,39(4):21-27.

[89] 郑祥福.全球文化霸权和中国文化自强[J].浙江社会科学,2018(3):98-105+159.

[90] 周清平.符号·符码·文本:西方(英、美)电视文化符号论[J].贵州师范大学学报(社会科学版),2014(3):132-136.

[91] 周诗岩.视觉文化的面孔[J].新美术,2018,39(3):32-40.

[92] 周文,冯文韬.经济全球化新趋势与传统国际贸易理论的局限性:基于比较优势到竞争优势的政治经济学分析[J].经济学动态,2021(4):27-37.

[93] 周宪.文化研究的新领域——视觉文化[J].天津社会科学,2000(4):98-101.

［94］ 朱志伟.筑牢坚强的战斗堡垒:中国共产党宣传阵地建设的百年历程[J].党建,2023
(2):51-54,71.

［95］ 资雪琴.基于品牌价值观的高校品牌管理研究[D].上海:东华大学,2015.

［96］ 邹英,向德平.风险理论视域下原子化社会的个体危机及其化解途径[J].新视野,
2016(6):32-37.

［97］ Childers T L, Houston M J. Conditions for a picture-superiority effect on consumer
memory［J］. Journal of Consumer Research, 1984,11(2):643-654.

［98］ Han X. Application of multivariate statistical analysis based on the random matrix in
the study of chinese cultural symbols［J］. Mathematical Problems in Engineering,
2022(2022):1024-123X.

［99］ Henderson J M, Hollingworth A. Eye movements during scene viewing: an overview-
sciencedirect［J］. Eye Guidance in Reading and Scene Perception, 1998:269-293.

［100］ Henderson J M, Hollingworth A. High-level scene perception.［J］. Annual Review
of Psychology, 1999,50(1):243-271.

［101］ Jonides J, Yantis S. Uniqueness of abrupt visual onset in capturing attention［J］.
Perception & Psychophysics, 1988,43(4):346-354.

［102］ Kai-Fu Y, Yan-Ping X. Age Meaning of Chinese Character Logo Application［J］.
Packaging Engineering, 2006,27(6), 277-279.

［103］ Mitchell W J T. Picture theory: essays onverbal and visual representation［M］.
Chicago: The University of Chicago Press, 1994.

［104］ Nakayama K, Mackeben M. Sustained and transient components of focal visual
attention.［J］. Vision Research, 1989,29(11):1631-1647.

［105］ Ohman A , Flykt A , Esteves F .Emotion drives attention: detecting the snake in the
grass.［J］. Journal of Experimental Psychology: General, 2001,130(3):466-478.

［106］ Patterson M, O'Malley L. Brands, consumers and relationships: a review［J］. Irish
Marketing Review, 2006,18(1),10-20.

［107］ Pieters W R. Eye fixations on advertisements and memory for brands: a model and
findings［J］. Marketing Science, 2000,19(4):297-312.

［108］ Proulx M J, Egeth H E. Target-nontarget similarity modulates stimulus-driven control in
visual search［J］. Psychonomic Bulletin & Review, 2006,13(3):524-529.

［109］ Qi L, Wang Y, Chen J, et al. Culture under complex perspective: a classification for
traditional Chinese cultural elements based on NLP and complex networks［J］.
Complexity, 2021(8):1-15.

［110］ Rayner K. Eye movements in reading and information processing: 20 years of research
［J］. Psychological Bulletin, 1998,124(3):372-422.

［111］ Reichle E D, Pollatsek A, Fisher D L, et al. Toward a model of eye movement control
in reading［J］. Psychological Review, 1998,105(1):125-157.

［112］ Rossiter J R, Percy L. Advertising communications & promotion management［M］.

New York :McGraw-Hill,1997.

[113] Rossiter J R. Predicting starch scores [J]. Journal of Advertising Research, 1981, 21 (5):63 – 68.

[114] Yantis S. 3 Goal-directed and stimulus-driven determinants of attentional control [J]. Attention and Performance, 2000, 18:71 – 103.

[115] Yuan W, Yang L, Yang Q, et al. Extracting spatio-temporal information from chinese archaeological site text [J]. ISPRS International Journal of Geo-Information, 2022, 11 (3):175.

后　记

　　《品牌文化研究与设计》旨在为读者提供关于品牌文化系统且深入的指导，帮助他们在品牌建设与设计的道路上走得更远、更稳。在此处想分享一些编写过程中的思考与体会。

　　在当今的商业环境中，品牌不仅仅是产品或服务的标识，更是企业灵魂的体现。品牌文化作为品牌的根基，承载着企业的价值观、历史传承和未来愿景。它不仅是连接企业与消费者的桥梁，更是企业在市场竞争中立于不败之地的核心力量。正如管理学大师彼得·德鲁克所言："企业的唯一目的就是创造顾客。"品牌文化正是创造并维系顾客忠诚度的关键因素。

　　编写本书时，我们深刻意识到，品牌文化绝非简单的口号或标识设计，而是一个系统而复杂的工程。它需要企业从战略高度进行规划，将文化理念融入产品、服务、营销等各个环节，形成独特的品牌识别体系。通过对众多成功品牌的案例分析，我们发现，那些能够长久屹立不倒的品牌，无一不在品牌文化的塑造上下了苦功。

　　《品牌文化研究与设计》教材的编写初衷，正是希望为广大学子和品牌从业者提供一套科学、系统的品牌文化构建指南。在内容设置上，我们力求涵盖品牌文化的各个方面，从品牌文化的理论基础、历史演变，到品牌定位、文化提炼，再到品牌传播与设计实务，力求做到全面且深入。

　　我们的目标是通过本书，帮助读者掌握品牌文化构建的基本原理和方法，培养其独立思考和创新能力。在编写过程中，我们特别注重理论与实践相结合，精选了大量经典案例进行分析，旨在让读者在真实情境中领悟品牌文化的精髓。同时，我们还引入了一些最新的品牌文化研究成果和实战经验，以帮助读者更好地把握品牌文化的发展趋势和前沿动态。

　　编写这样一本教材并非易事，过程中我们遇到了诸多挑战。首先，品牌文化是一个跨学科领域,涉及营销学、管理学、心理学、社会学等多个学科的知识。如何将这些知识有机融合,形成一个逻辑清晰、体系完整的知识框架,是我们面临的首要问题。为了解决这一问题,我们多次召开编写会议,邀请相关领域的专家学者进行研讨,不断优化教材的框架和内容。其次,品牌文化构建是一个实践性很强的过程,如何将抽象的理论转化为具体的操作方法,是另一个挑战。在编写过程中,我们注重案例的选取和分析,力求通过真实、生动的案例帮助读者理解品牌文化构建的实际操作流程。同时,我们还结合自身多年的品牌实战经验,总结提炼出了一系列实用的品牌文化构建工具和方法,供读者参考使用。

《品牌文化研究与设计》教材的出版只是一个开始,我们更希望它能成为读者品牌文化之旅的起点。在学习本书的过程中,我们期望读者能够做到以下几点:

一是要树立正确的品牌文化观念。品牌文化不是一蹴而就的,需要企业长期坚持和努力。读者在学习过程中要深刻理解品牌文化的本质和意义,树立起正确的品牌文化观念,为未来的品牌文化建设打下坚实的基础。

二是要注重理论与实践相结合。品牌文化构建是一个实践性很强的过程,读者在学习理论知识的同时,要积极将其运用到实际工作中去。通过实际操作和案例分析,不断总结经验教训,提高自己的品牌文化构建能力。

三是要勇于创新和突破。品牌文化是一个不断发展和变化的领域,读者在学习过程中要勇于创新和突破,不断探索新的品牌文化构建方法和模式。只有这样,才能在激烈的市场竞争中脱颖而出,打造出具有独特魅力和竞争力的品牌文化。

《品牌文化研究与设计》教材的编写虽然结束了,但品牌文化的研究和实践之路还很长。我们期待与更多的读者一起,共同探索品牌文化的奥秘,为推动中国品牌文化的繁荣和发展贡献自己的力量。

2024 年 12 月 26 日于上海交通大学